青少年必读

国宝有秘密

吕青 主编

河南科学技术出版社
·郑州·

图书在版编目(CIP)数据

国宝有秘密 / 吕青主编. —郑州 : 河南科学技术出版社, 2013.9

(青少年必读)

ISBN 978-7-5349-6341-4

Ⅰ. ①国… Ⅱ. ①吕… Ⅲ. ①文物-世界-青年读物②文物-世界-少年读物 Ⅳ. ①K86-49

中国版本图书馆 CIP 数据核字(2013)第 167627 号

出版发行:河南科学技术出版社

地址:郑州市经五路 66 号　　邮编:450002

电话:(0371)65788613　　65788139

网址:www.hnstp.cn

策划编辑:孙　珺

责任编辑:张　翼

责任校对:柯　姣

封面设计:嫁衣工舍

版式设计:中图传媒

责任印制:张　巍

印　　刷:北京嘉业印刷厂

经　　销:全国新华书店

幅面尺寸:787 mm×1092 mm　1/16　　印张:12　　字数:210 千字

版　　次:2013 年 9 月第 1 版　　2013 年 9 月第 1 次印刷

定　　价:20.00 元

目　录

张献忠窖金之谜

中国古代信用制度不发达，人们习惯于用窖藏的方式贮存财富。

为了窖藏的安全，窖藏者都力求不使人知，甚至对亲人都要隐瞒。如果由于某种原因，他没有机会重新挖掘这笔财富，而又来不及将窖藏地点告诉他人就突然死去，窖藏的秘密就一直保持下去，除非有朝一日这秘密偶然地被人发现。古往今来，发现窖藏的事不知有多少，今后也依然会有人继续发现。

明末农民军领袖张献忠东征西战，据蜀建立大西政权。可是不久即被清王朝所灭。据传张献忠战败之前，将其亿万金银采取窖藏办法埋于四川，以备东山再起。但随着张献忠的战死，这个秘密也就一直没有揭开。

清朝文人的笔记、野史中也曾提到此事。成都一带还流传着“石牛对石鼓，银子万万五”的民谣。意思是说：只要找到锦江下的石牛和石鼓，就能找到张献忠窖藏的万万两银子。

记载张献忠窖藏的书有多种。吴伟业在《鹿樵纪闻·献忠屠蜀》中说顺治二年（1645 年），张献忠“用法移锦江，涸其流，穿数仞，实以精金及其他珍宝累万万，下土石筑之，然后决堤放水，名曰‘锢金’”。彭孙贻《平寇志》卷十二引查继佐的话，也说张献忠“用法移锦江而涸其流，下穿数仞，实以黄金宝玉累亿万，杀人夫，下土石填之，然后决堤放水，名曰‘水藏’”。两书中，一称“锢金”，一称“水藏”，当属于传闻异词。彭遵泗《蜀碧》卷三也记有此事，作“锢金”，但没有提及窖藏的数量。

上述三书都是私家著作，而清朝官修《明史》的编撰者对这条史料也持肯定态度。《明史·张献忠传》说：“又用法移锦江，涸而阙之，深数丈，埋金宝亿万计，然后决堤放流，名‘水藏’，曰：‘无为后人有也’。”

经这样一记载，就更加被人们视为信史了。

垂涎这笔巨额财富自然大有人在，连清朝政府也动过一番脑筋。《清文宗实录》卷八十九记载：道光十八年（1838 年），清政府曾派某道员到锦江实地勘察，因找不到窖藏的确切地点而中止。咸丰三年（1853 年），翰林院编修陈泰初又旧事重提，由吏部尚书等代奏，呈请寻找这笔财宝。他说亲眼看到彭山、眉山居民捞到张献忠遗弃的银子，“其色黑暗”，听说“曾经查出归官，尚存藩库，有案可核”，以此来证明张献忠窖藏之事并非子虚乌有。当时正值太平天国革命高潮，清政府财政困难，咸丰皇帝于是动了心，命成都将军裕瑞“按照所呈各情形，悉心访察，是否能知其处，设法捞掘，博采舆论，酌量筹办”。但费尽心机，没能找到。几百年来尽管不少人垂涎这笔巨宝，但都劳而无功。看来这笔财富又是一个新的“天朝国库”之谜了。

“北京人”化石今何在

1918 年春，瑞典籍地质学家安特生在北京西南郊 50 千米处的周口店首次发现哺乳动物化石。此后，在周口店陆续发现数枚人牙化石。经解剖学家研究，这些化石属于古人类的一个新科属，命名为“北京人”。

十年后，1928 年 12 月 2 日，毕业于北京大学地质系的裴文中在周口店发掘出一个完整的猿人头骨化石。这是一个重大的发现，是古人类学、旧石器时代考古学、古脊椎动物学和第四纪地质学研究中一件划时代的大事，它为研究人类的起源及其发展，为再现早期人类的生活面貌，提供了极其珍贵的第一手资料。

1928 年 12 月以后至 1937 年 7 月卢沟桥事变前，经过挖掘，在周口店先后发现了四十多个代表“北京人”的人骨化石。

陶 罐

“北京人”化石是一批无价之宝，当时集中珍藏在北京协和医院的保险箱里，由著名的德国籍（后加入美国籍）人类学家魏敦瑞负责保管并研究。

1941年初，日美关系趋于紧张。魏敦瑞提出，珍贵的“北京人”化石继续留在日军统治下的北平很不安全，建议将化石暂时转运至美国纽约历史博物馆保存，待战后再运回中国。

经多次交涉，中美双方就此事达成协议。11月中旬，美国驻华大使馆自重庆来电，指令美国驻北京公使馆负责转运事宜。

11月20日，北京协和医院奉命将“北京人”化石秘密装箱。装箱的化石有：头盖骨5枚，头骨碎片15枚，下额骨14枚，锁骨、大腿骨、上臂骨、牙齿等147枚。全部化石分装在两个大箱内，由美国公使馆运送至美国海军陆战队总部，指令美军上校阿舒尔斯特负责押运。

阿舒尔斯特上校命令士兵将两个大箱改装到美军专用标准化箱里，等待装船。按照原定计划，12月11日有一艘“哈里逊总统”号轮船将由上海抵达秦皇岛，然后由秦皇岛驶往美国。美国海军陆战队军医福莱奉上校之命，将标准化箱连他个人的行李共24箱由北京押运至秦皇岛霍尔坎伯美军兵营，福莱将要护送这批化石安全抵达美国。

意想不到的事情发生了。12月7日，珍珠港事件爆发。秦皇岛霍尔坎伯军营被日军占领，美国海军陆战队队员全部成为俘虏。不久，这批俘虏被押送到天津战俘营。过了十来天，美军战俘的行李由秦皇岛转运至天津，福莱医生的行李大部分还在，其中包括装载“北京人”化石的美军专用标准化箱。

福莱医生将他的剩余行李，包括标准化箱在天津就地疏散了一部分存放在瑞士商人在天津建筑的仓库里，一部分存放在法租界巴斯德研究所，一部分存放在中国友人家里。疏散前，福莱医生没有打开过标准化箱子。战争结束以后，装有“北京人”化石的标准化箱子下落不明。中国的无价之宝经美国海军陆战队之手，由北京至秦皇岛，由秦皇岛至天津，最后在天津失踪。

“北京人”化石究竟到哪里去了？一种说法是，标准化箱在秦皇岛被装上了“哈里逊总统”号轮船，但该船不幸在赴美途中沉没，“北京人”化石沉入了海底。有人说，轮船没有沉没，而是中途为日军所截获，化石落入日军之手，后来下落不明。

一种说法是，“北京人”化石根本就未出北平城，它被埋在美国驻京公使馆的后院里。一个在美国海军陆战队总部门口担任过守卫之职的卫兵回忆说，珍珠港事件爆发前夕，他看到有两人将一箱东西偷偷地埋在院子里，他估计有可能是“北京人”化石。当年埋宝的地方，现在造有建筑物，因而无法挖掘。真假如何，尚是未知数。

一种说法是，标准化箱被福莱医生在天津疏散后，最终落入了日本人之手。1942 年 8 月，有两个日本考古学家到北京协和医院寻找“北京人”化石。得知化石被转移的消息，日本华北驻屯军司令部指派专人进行跟踪搜寻，关押、拷问了许多人。两个多月后，有消息说在天津找到了“北京人”化石。但后来又有消息说，在天津找到的东西与“北京人”化石无关。孰真孰假，不得而知，日军搜索化石的行动就此中止，有关人员被释放却是事实。从迹象看，日军不见真宝岂能善罢甘休？抗日战争胜利后，有关通讯社报道，“北京人”化石在日本东京被发现，东京帝国大学已清点并交盟军总部保管，即将由盟军总部转交中国云云。然而中国政府日后从盟军总部接收的物品清单中却没有为世人所瞩目的“北京人”化石。为此，当时中国驻日本代表团顾问李济曾多次在东京寻找化石下落，盟军总部应中国政府之请亦动员驻日盟军广泛搜寻，均未果。

曾进行过调查，1949 年瑞士商人在天津开设的伯利洋行曾伙同北京总行进行过走私活动，走私物品不详。1972 年，美国巨商詹纳斯悬赏 15 万美元，寻找化石下落，世界各地提供了三百多条线索，但一一被否决了。“北京人”化石最终将在什么地方出现呢？疑团未释，一切未知！

神秘的汉朝楚王陵

1995 年岁末，新华社的一条消息说：一件最完美的“绝品”金缕玉衣在徐州狮子山楚王陵被发现。这种古代君王方可享用，据说可以使尸体不腐、灵魂不灭因而能让人“永垂不朽”的特殊葬衣，是用四千多片大小基本相同的玉片用金丝串联起来的。

甲骨文

徐州是位于江苏、山东、河南、安徽四省边界的交通、经济、文化中心和军事重镇。有史以来，围绕徐州进行的战争多达二百多次，抗日战争时期的台儿庄战役和解放战争时期的淮海战役均是为争夺徐州进行的。徐州又名彭城，历史上就有“自古彭城列九州，龙争虎斗几千秋”之说。这里是汉高祖刘邦起家的地方。西汉建立后，刘邦分封诸王，将徐州周围36县划为楚国，分给他的弟弟楚元王刘交，史称楚王，此后共延续了12代楚国，他们死后都葬在环绕徐州的山丘之中。至今考古学家已发现了8位楚王的陵寝。可惜的是，这些陵寝已被盗掘过不止一次，真是十墓九空。徐州周围有很多以“洞”为名的山，如山洞山、南洞山、东洞山等，其实，这些洞就是被洗劫一空的古墓。

徐州东郊的狮子山就是这样一座不起眼的、海拔只有60米高的小山包。

徐州已发掘的汉墓群、兵马俑和位于北郊茅村附近的东汉画像石墓被并称为“汉代三绝”。然而狮子山楚王陵的发现，还要从汉兵马俑的出土引起考古学家们的重视说起。1984年冬天，一台推土机在狮子山的西南部取土时偶然地铲出了一批汉兵马俑，这是继1965年夏季陕西咸阳发现汉兵马俑、1974年春季在西安临潼发现秦始皇兵马俑之后我国出土的第三批兵马俑。徐州兵马俑博物馆于1985年建成并对外开放后，考古学家们并没有停止他们的工作，而在思考着一个问题：这样规模宏大的兵马俑为何葬在这里？从已经发现的咸阳兵马俑和临潼秦始皇兵马俑来看，这里一定是汉代某个王公的陪葬物。

于是，考古学家们开始寻找，目光渐渐地集中在这座状如卧狮的山丘上，他们草拟了各种有关陵墓形状的模拟图，利用各种仪器进行探测，还请来了地质勘查队钻孔探究，然而却一无所获。勘探工作进展得非常困难，当时由于山丘上已繁衍生息着几百户人家，民房鳞次栉比，不能采用大规模的普探，只能采用梅花桩的勘探方法。尽管如此，探查还是会受到干扰，花钱征用民房由于经费和各种原因也未能全面展开，这种漫无边际没有百分之百的把握的做法只得作罢。有一次考古人员征用了一户民房，打下的探沟距楚王墓的外墓道仅10米之远，就此失之交臂，一晃6年过去了。

1990年的一天，徐州汉兵马俑博物馆馆长、考古学家王恺在狮子山村里找线索与老人闲聊时，听86岁老人张立业说，他家祖辈挖过很深很深的大地窖，其中最大一个能放1万多千克红薯。说者无意，听者有心，与老人的交谈使这位考古学家心里一动，他想狮子山上都是石头，怎么可能挖出这么大的地窖，职业的敏感驱使王恺即刻意识到这是一条非常有价值的信息。考古队员在张立业老人的配合下在张家已废弃的地窖里开始了寻找历史遗迹的工作。当探沟挖到地下3米时，发现了外墓道上人工开凿的痕迹，这一消息传出，人们欣喜若狂。为了弄清陵墓的具体位置和外围结构，他们又做了勘探和探沟，花了整整2年时间，直到1992年才最后确定楚王陵的位置，它距离陪葬的兵马俑队阵只有500米远。

上报和论证徐州狮子山发现楚王陵的报告很快就转到了国家有关部门。狮子山的居民陆续开始动迁。一切挖掘和准备工作在紧锣密鼓、有条不紊地进行着。

狮子山楚王陵

1994年11月，国家文物局批准发掘狮子山楚王陵，并将徐州狮子山楚王墓的开掘列为“九五”全国十大考古发现之首，建议在那里建造一座以汉代文物为主的博物馆。由中国历史博物馆馆长俞伟超等6位专家和6

位年轻的研究人员组成的考古队开始了楚王陵的考古发掘工作。这对每一位参加考古工作的成员来说实在是太幸运了。年长的专家欣慰于自己有幸亲历这种大墓葬的发掘，而对年轻队员来讲则是庆幸得到了一次难得的锻炼机会。

楚王陵是座坐北朝南的陵墓，有12间房，使用面积达850多平方米，它将狮子山掏空了半座。陵墓采用的是汉代流行的横穴岩洞式，却又开凿了一个巨大而方正的天井，这在以往开掘的汉墓中从未有过。为了清理天井中的夯土和填石，光用铲车、吊车作业就花去了三个多月时间。然而狮子山并不是一座土山，和徐州周围不少山丘一样，它是座石头山。可想而知，在当时条件下开凿这个硕大的天井，凿石、夯土量约五千立方米，靠的全是人工，不知要耗尽多少人的生命，实在是令人吃惊。专家们推测，这座规模宏大的楚王墓在当时至少得花二十年才能完工。据史料记载，古代皇帝与王侯从即位起就为自己造墓，并且把每年从府库中挑选的财宝放进墓里。这座天井就像奢华而美丽的大厅，高达11米，长达117米的墓道穿过天井通向山体深处神秘的地下世界。

对于考古工作者来说，也许考古的最大魅力在于，你有机会亲手打开通往历史的大门，让时光倒流。然而，对于大门后是一座宝库，还是空空如也或破坏得荡然无存，却全然无知。十墓九空，这一次会不会也是一座被洗劫殆尽的空陵呢？

规模巨大、结构独特、设计颇费心机的狮子山汉墓也是在劫难逃。发掘之初，考古人员就在天井中部的填土中找到了一个盗洞，它斜向西北方向，没有丝毫偏差地直通向墓门。盗洞外口小，仅能容身，里面的直径却有9米多。内墓道是由4块一组，共4组塞石严密地堵着，可以清楚地看出当时盗墓人在一组塞石上凿成“牛鼻扣”，穿了绳子连撬带拖将4块各重达6吨的塞石硬拉出墓道，这种全凭人工的作为令现代人难以想象。当他们走时，也不是仓皇逃窜，而是将盗洞填上、堵住，这一堵就过了两千多年。可见当时盗墓者组织严密、做事谨慎，一般被盗过的墓葬里总会留下点痕迹，可是这里竟一点儿也没有。

考古是一项极其艰苦而枯燥的工作。常年工作在野外，发掘时要选择干燥少雨的冬季，多数现场狭窄，为了保护文物不受人为的损坏，加上安全等因素，不可能使用人海战术，挖掘者每天仅用一块塑料布铺垫在地上，或蹲或跪在湿冷的泥土上，用竹签小心翼翼地清理文物，有时几小时保持着同一个姿势，连直一下腰也不行。因此，关节炎、动脉硬化、静脉曲张等是考古队员的职业病。

1995年2月28日，主墓道内淤泥被清理完毕。那天晚饭时，如今已是狮子山楚王陵公园管理处处长的邱永生副研究员忍不住喝了点酒，这不仅是为了驱寒防湿，也是为了壮胆，当时他和队友在湿漉漉的地上爬呀爬，准备了50米长的照明路线还不够，只得再加长。当墓穴深处骤然放出光芒时，景象实在令人难以忘怀。地上淤泥有50~60厘米厚，泥土里间有碎玉闪着幽幽的光，那些也许已生长了几千年，至今“活着”的草根、树根穿透了厚厚的山体，在潮湿的地宫里长大，显示着惊人的生命力。考古队员们在这神秘的地下宫殿里亲手触摸着两千多年前楚王的宝物，那种足以使人忘记所有疲劳与艰辛的激动，激励着他们忘我地工作，一蹲、一跪就是半天。然而令人感到遗憾的是楚王安睡的镶嵌着多块玉片拼合成各种图案，空白部位则绘着汉代漆画，长2.8米、宽1.04米的玉椁已被盗墓者砸开，玉片碎了一地，裹着金缕玉衣的楚王已失去昔日的威风，被盗墓者毫无顾忌地拉了出来，金缕玉衣也被剥去，七孔中塞着的金玉和身上佩着的金印都被搜去。楚王的遗骸已被渗进地宫的水冲得四分五裂，尸首分离、肋骨四散，夹杂在一片碎玉和泥土中间，那场景真是惨不忍睹，令人感慨万千。但是职业责任感的驱动和对考古的敬业精神，使他们忘记了恐惧，在清理文物时，时时猜想那会不会是一件举世无双的国宝，这种期待实在令人心焦。好在盗墓者仅在主墓室内进行扫荡，主墓室外的3间耳室，当年没有被盗，在这几间耳室里留下了可观的文物和完整的现场。如果当年盗墓者在拖出塞石和挖土时只要再进入 10 厘米或者 20 厘米，那么这几间耳室也会被扫荡一空，回想起来真是令人不寒而栗，幸好他们没有发现。

楚王的金缕玉衣虽被剥了下来，但众多散落的玉片的种种迹象表明，盗墓者只是拿走了金银，却没有动那些质地上乘、工艺精致、光彩照人的玉磺、玉璧、玉杯、玉牙冲、玉龙等，而这些件件都是国宝。

盗墓案之谜

《埃及记述》图书的出版，引燃了异乎寻常的埃及热，来自法国、德国、英国、瑞士的著名旅行家，相继来到埃及，今天的人很难想象其风靡程度。对埃及的狂热也产生了一种意想不到的后遗症：盗窃文物。那么，盗墓行径在埃及是怎样发展起来的？埃及人又是如何对盗墓贼进行审判的？

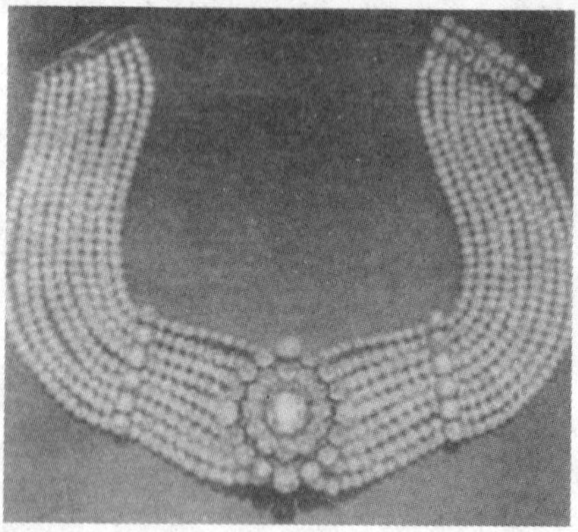

天然珍珠和钻石项链

法老图特摩斯三世的木乃伊

可以说，盗墓行径在古埃及历史中一直长盛不衰，它的历史与金字塔一样久远。盗墓活动的高峰出现在古王国第十二王朝时期。那时，独裁的拉美西斯一世、二世和以后的西索斯一世、二世的有力统治已告结束，后来的九位国王的名字虽然都叫做拉美西斯，却都是有名无实的。他们治国无方，国家经常受到威胁，国内政治腐败，贿赂贪污之风盛行，这给盗墓者创造了良好的发财机会。当时，陵园警卫和教士勾结，墓地监督和当地州长勾结，就连保卫王陵机构的最高长官——西底比斯市市长都和盗墓犯私下来往，可见当时盗墓活动的猖獗。

难道当时没有人管一管吗？盗墓者真的可以逍遥法外吗？拉美西斯九世以后的文献中对此有所描述，它记述了三千年前审判盗墓案的情况，这在今天看来几乎是离奇的。整个事件的经过和侦破非常像一件现代的犯罪案件。从保存至今的案卷上，我们还可以得知审判此案件的经过与细节。那里，底比斯市西岸发生了大规模盗墓活动。由底比斯政府任命的调查委员会，先彻查所有的王室陵墓，发现："太阳神之子塞贝克姆萨夫的金字塔陵墓，被盗贼闯入。窃贼挖了一条隧道，从图特摩斯三世的谷仓视察员纳巴穆恩坟墓的外厅，直挖过来。国王的墓室里不见了遗体，王后努布卡斯的墓室也一样。"路易十四时代，为了丰富博物馆的收藏，西方各国纷纷加入对埃及文物的掠夺。这是当初一位寻宝者其后游记中的记叙："……打开棺木后，我感到很失望，我们没有发现任何奇特的东西，于是就把它原封不动留在那里了。"调查中指控了一批盗贼，包括一大群墓地管理处的工人和小职员。他们被逮捕并带上法庭，发誓说实话，否则就"被割掉鼻子和耳朵，或者处死”。其中一人招认：“我们打开了棺材，揭去了覆盖，看到这位国王那庄严的木乃伊……颈部戴着一串金制的护身符和许多饰物，头上戴着金面罩。这位国王庄严的木乃伊通身盖着黄金。覆盖物里外都是金银编制的，并且镶嵌着各种宝石。我们剥下这尊神圣庄严的木乃伊身上的金衣，取下他颈上的金护身符和饰物，揭走覆盖的金被。我们还找到了国王的妻子，并把她的木乃伊身上的东西照样剥光。我们还找到了殉葬的金瓶、银瓶和钢瓶，也统统偷走。我们把从这两位神圣木乃伊身上取到的护身符、饰物、覆盖等都分成了八份。”八个窃贼中有五个人的姓名存留至今，他们是石工阿比、技工伊拉门、农民阿门农海布、运水工卡姆维斯和黑奴坦内菲尔。可在这次审判以前盗墓者都没有姓名，这时他们忽然变成有名有姓的活人了，不能不让人惊诧。案件笔录的结论是：“他们的案子和判决都正式记录下来呈送法老。”因为只有法老能宣判死刑。记载这类案件的纸长达数公尺（1 公尺 =1 米），但保存下来的只是其中一部分而已！

由此可见劫掠古墓的行为有多普遍，同时也说明了王室陵墓陪葬品之丰富。这一点，在 1922 年第十八王朝法老图坦卡蒙陵墓被发现时，获得证实。埃及人代代口耳相传：神庙中藏有财宝，坟墓里有丰富的陪葬品。后来，科普特人却把神庙改成教会，修道士占领了石墓，损毁了浮雕和绘画。这其实是另一种形式的劫掠。

金字塔之谜

古代埃及人在石砌建筑中无可超越的技术，如此迅速地臻于完美的过程和原因至今仍然使考古学家感到困惑。从第一座值得注意的埃及石砌建筑，到大金字塔的成功筑就，其间仅用了一个世纪。他们是如何在没有绞盘、滑轮，甚至在没有带轮子的交通工具的帮助下，开采出大块的石灰石，运送好多英里，然后抬起、放好，并以极其高的精确度来安装的呢？

金字塔，是世界上最容易辨认的建筑群，是千百年来让世人着迷和赞叹的石砌《圣经》！它建于4500年前，位于尼罗河西岸、开罗附近的吉萨地区。在那里，三座设计完美的巨石金字塔是由第四王朝的胡夫、海夫拉和孟卡拉法老留给我们的遗产。这三座金字塔是整个建筑群的一部分，它还包括庙宇、法老妻子的小金塔及祭师和大臣们的坟墓。狮身人面像坐落在建筑群前面，凝眸眺望沙漠，警觉地守护着这座亡者之城。

其中，通常被尊为“大金字塔”的胡夫金字塔是建造得最大而又最好的。胡夫金字塔（法老胡夫所建）高137米，大约由230万块巨石建成，这个几乎重达700万吨的巨大建筑是在没有任何现代机械的条件下完成的。尽管如此，大金字塔却建造得异乎寻常的精确，就是在现代技术条件下都难以做到。

也许大家认为金字塔是法老的陵墓，但奇怪的是从来都没有在金字塔内发现过法老的尸体，即使是在那些没有被盗墓者光顾过的金字塔内，巨大的石棺内也是空空如也。那埃及人为什么要建造金字塔？

当代工程师把数学当作他们必不可少的工具，而古埃及的数学与其他古代民族的数学相比是相当原始的。金字塔时代的埃及算术完全建立在“二进制”知识的基础上，我们甚至怀疑在现代意义上能不能把它称作数学。乘法和除法都归结为加法。数字相乘即是以所需的次数来重复这个数，再把数目相加；除法也相类似。奇怪的是，这种“二阶”的法则会在20世纪的计算机中再次得到运用，但在历史的大部分进程中它却是一条死胡同。

然而，大金字塔仍显示了精确到微米的设计，它占地5 3013.8平方米，用石料625万吨，每块方石平均重2.5吨。大金字塔底边方形的南北两条边长度仅相差0.09%，东西两条边长度仅相差0.03%。这个巨大的物体坐落在广阔的磨光石块铺筑的地面上，经测量，地面对角线两端在平面

胡夫金字塔是古埃及人超凡想象和工程技术的辉煌见证。几千年风霜雪雨的洗礼中，它伟岸壮观，矗立不屈，是古代七大奇迹之一

高度上仅差0.004%。

目前，没有迹象表明他们的技术或设计是从域外借鉴来的。

在何处我们还能在不到200千米的范围内，完整地看到伟大建筑时代的一个如此丰富的露天博物馆呢?

始皇陵、始祖陵之谜

“文官俑”身上的尘埃尚未散尽，青铜仙鹤已翩然临世，屡有奇迹出现的秦始皇陵在7000多件兵马俑的“护卫”下，已历经了2200多年的风雨。最新的考古勘探与研究表明，这个困扰人们多年的帝王陵园的布局之谜已被解开。

专家认为，秦始皇陵园就像是一座设计规整、建筑宏伟的都城，面积

秦始皇像

约2.13平方千米，整个陵园布局可分为4个层次，即核心部位的地下宫城（地宫）、内城、外城和外城以外，主次分明。

“40年来的最大成就之一，就是现在秦始皇陵园的布局基本清楚了。”秦兵马俑博物馆名誉馆长、秦陵考古专家袁仲一说，“秦始皇陵园坐西向东，南高北低，南北落差达85米，是一座南北大于东西的长方形陵园，陵园的城垣由内外两重构成，两座城垣都是呈南北向的长方形，相互套合，呈南北长东西窄的‘回’字形，其城墙总长约12千米，与西安的明代城墙长度相近。”

陵园核心的核心是地宫。秦陵地宫位于内城南半部的封土之下，相当于秦始皇生前的“宫城”。地宫有宫墙，其上有巨大的封土堆，即平常人们所说的秦始皇陵墓，它占据着内城南区三分之二的面积。

在地宫和内城之间的广大区域分布着许多用于祭祀、陪葬等用途的建筑。内城之内的地面和地下设施最多，尤其是内城的南半部较为密集。除地下的宫城外，寝殿及车马仪仗、仓储等众多陪葬坑均在南半部。北半部的西区是便殿附属建筑区，东区则是后宫人员的陪葬墓区。这种布局清晰地说明：南北两部设施的基本内涵，均属于皇帝宫廷的范围。

在内城和外城之间是秦陵园的外廓城部分，其西区的地面和地下设施最为密集。由南向北依次分布着：曲尺形大型马厩坑、31 座珍禽异兽坑、48 座后宫人员的陪葬墓、三组四合院式的园寺吏舍建筑基址。东区的南部有一大型“石铠甲陪葬坑”，出土了大批石铠甲及少数车马器。惟妙惟肖的“百戏俑”坑则在其南侧不远处。这种布局说明，外廓城的西区是重点区，其内涵为象征京城内的厩苑、囿苑及园寺吏舍。

最后是外城垣之外的地区。其东边除了众所周知的秦兵马俑坑外，还有 98 座小型马厩坑及众多陪葬墓；其西边则有 3 处修陵人员的墓地、砖瓦窑址和打石场等；其北边发现有藏有禽兽肢体及鳖的仓储坑、陵园督造人员的官署及郦邑建筑遗址；其南边靠近骊山则有一宽约 40 米的防洪堤。

秦陵考古勘探队队长段清波说：“陵园的内城垣是里外双面皆有回廊的回廊式城垣，其四角也各有角楼。这些尚属首次的发现，为我们了解其布局再次提供了有力证据。”

袁仲一分析，秦始皇时代中国社会正处于大转型时期，秦始皇陵是按照“事死如事生”的观念、陵城“若都邑”的旧制和“皇权至高无上”的新规建设的。它不仅在中国陵寝史上首设陵邑、建设寝殿、便殿，还首开大规模修建陪葬坑之风气。同时，秦始皇陵园内一墓独尊，没有发现皇后陵，其过渡性与复杂性常常出人意料。

困扰人们多年的秦始皇陵布局之谜刚被解开后的十多天，甘肃省有关文物考古专家便披露，经过 8 年多时间的发掘和研究论证，甘肃礼县大堡子山发现的古墓群被专家一致认定为秦始皇祖先的第一陵园——西垂陵园；礼县也被认定是中国古代重要史书《史记》所记载的秦人发祥地“西犬丘”所在地。至此，考古学和先秦历史学上的两大千古谜团终于大白于世。

秦始皇是中国历史上完成统一中国、建立封建王朝的第一人。因此，秦文化的发展史也成为海内外众多学者研究的热点问题。1974 年，陕西兵马俑及秦始皇陵被发现后，引起了海内外的强烈轰动。众多历史学者和考古专家通过对历史文献和考古发现的研究，指出秦人应有四大陵园区，并努力寻找它们的所在地。到 1987 年，秦人四大陵园中的第二、三、四陵园，即雍城陵园、芷阳陵园和始皇陵园都在陕西先后被发现。但秦人的第一陵园——“西垂陵园”在哪里，却始终无从得知。

姿态各异的弩兵俑

目前考古学专家和历史学专家已一致确认：大堡子山古墓就是秦公墓，其墓主可能是庄公、襄公或文公；秦第一陵园在礼县大堡子山；秦“西犬丘”在礼县，甘肃礼县是秦文化的真正发祥地。

专家们指出，秦第一陵园和“西犬丘”两大千古谜团的解开，填补了先秦文化的研究空白，为研究秦早期的政治、经济、军事、文化、冶金、铸造、陵寝制等提供了丰富的研究资料，使秦人四大陵园区得以完整地展现在世人面前，秦人由西垂到雍城再而咸阳的发祥、发展壮大、统一全国的历史渊源流变得到系统可靠的解释。

“秦俑坑是世界的第八奇迹。不看金字塔，不算真正到过埃及；不看秦俑坑，不算真正到过中国。”这是法国前总统希拉克对秦始皇陵兵马俑的评价。而美国前副总统蒙代尔更是激动地推荐说：“这才是真正的奇迹，全世界人民都应当到这里看一看。”

位于西安临潼的秦始皇兵马俑博物馆，2002 年 5 月初首次公开展出两尊秦陵彩绘绿脸俑，之前的几天还首次展出了两尊红脸跪射俑。它无疑为“世界第八奇迹”又抹上了一道亮丽而神秘的色彩。

据秦俑馆负责人透露，兵马俑至今共出土了 1000 多件，“绿脸俑”却仅此两件，1999 年出土于秦俑二号坑。宝物为何是“绿脸”的谜团至今仍未解开。

“绿脸俑”形同跪射俑，虽历经千年，绿脸依旧，面部表情极为平和自然。“绿脸俑”一出土就被护送至文物修复室接受色彩保护，秘不示人，“绿脸”之谜也引起了专家们的浓厚兴趣。有人说它是“彩绘工匠的恶作剧”，有人认为它表现了“艺术品的多样性”，有人解释它是“用来恐吓敌人的魔面”，有人则说它是“正常肤色的反映”，各种猜想和推断层出不穷。

两尊红脸俑约高 1.2 米，左腿蹲屈，右膝着地；左小腿下蹲有力；左臂铠甲略有红色；领口、襟边袖口等处有彩色残迹。跪射俑左手虎口张开，为扶弓状；右臂伸直，五指成拳，仿佛正紧握着待射之箭。跪射佣的脸色泛红，薄唇紧抿，眉毛微挑，双眼瞪视，恰似临阵的士兵勇气十足、随时待命。

据介绍，这两尊红脸跪射俑是 1999 年 3 月陆续从秦俑二号坑十八个洞中出土的，当时共有七尊，还有两尊为绿脸。其中六尊色彩保护较好。

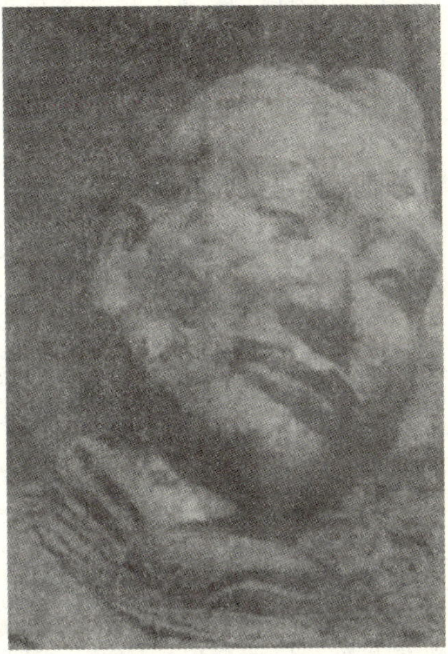

红脸俑

“三分雕塑，七分彩绘。”兵马俑从塑模、彩绘到烧制，全过程质量严谨。用现在的话来说，就是责任到人。许多俑像身躯上打印着号码与制作者的姓名。《吕氏春秋》记载着当时的严格制度：“物勤工名，以考其诚。工有不当，以行其罪，以究其情。”就这样，描绘着各种色彩的兵马俑，构成了“一俑一情、千人千面、千姿百态”的古代艺术雕塑群像。

考古专家发现，兵马俑在雕塑成型后，当时描绘着各种色彩，包括朱红、大红、紫红、粉红、橘黄、深绿、粉绿、紫、蓝、黄、黑、白等。这些颜色的来源，基本上是天然矿物质。

但在考古研究中，一个关于秦兵俑色彩的不解之谜几乎同时出现了。这些色彩中的一种紫色，不知从何而来？

袁仲一在接受记者专访时说：“这一紫色不存在于当时的矿物质原料中，它是人工合成的。经过化验确定，这种材料的科学名称叫硅酸铜钡。但这又奇怪了，因为据报道，硅酸铜钡是当代科学家在20世纪80年代的超导体研究中才合成产生的。那么，2200多年前兵马俑身上的紫色是怎么一回事呢？”

美国专家曾在中国汉代陶器上发现这种紫色，并冠名“汉紫”。而秦朝兵马俑的紫色，显然比“汉紫”更早。不久前，共同参与研究的中德科学家宣布了秦俑神秘紫色的惊人发现。这说明我国古代科学技术的水平是相当高的。

可惜，彩绘兵马俑经过水浸、火浇、风化等无情破坏，今人仅能看到一些色彩残迹。为了保护人类文化遗产，博物馆研究人员终于研究成功兵马俑色彩保护技术。光研制出保护色彩的特殊材料技术还不够，还要有保护色彩的精致功夫。涂保护液的全部时间，只能控制在五六分钟之内。一不小心，当年绘施于兵马俑表层生漆上的颜色，就会脱落损坏或超时风化，极其宝贵的彩绘颜色就会因此瞬间湮灭，无法再现。

兵马俑象征着威风凛凛、军容整齐的秦军，在统一六国时，“战未尝不克，攻未尝不取，所当未尝不破”，让人油然产生崇敬感。正如德国哲学家康德所概括的崇高：一在力，二在量。观赏兵马俑，正是能产生超越感官或想象惯常极限的“力”与“量”。

21 世纪之初，秦始皇兵马俑惊现“彩绘美”。它辩证地展示了秦军威武勇猛与五彩缤纷的统一。专家考证，当时的军服多样，色彩随意；“流行色”是绿、红、紫、蓝，其中绿色最多；军官和士兵在服装颜色上没有等级差别。这折射出奴隶主社会刚刚崩溃、中国封建阶级初次登上政治舞台特定阶段时，社会生活色彩丰富、新兴制度活力洋溢的情景。

新亮相的彩绘俑只是“冰山一角”，兵马俑的发掘与修复工作还在进行。有关方面计划以秦俑博物馆为基础，组建规模更大的秦始皇帝陵博物馆。今人期待着对世界文化遗产有更好的保护。

图坦卡蒙墓之谜

年轻的法老图坦卡蒙之墓埋在埃及帝王谷地下，鲜为人知，经过 33 个世纪之后，终于重见天日，墓穴中挖掘出的大量黄金宝藏令全世界为之惊叹。该墓发现时几乎原封未动，发现该墓者因此举世驰名。

当英国考古学家霍华德·卡特和他的赞助人卡那封勋爵站在通向帝王

谷地下深处的封闭墓道门前时，早已灰尘满身，四周漆黑一片。这个门果真通向年轻法老图坦卡蒙的宝藏吗？帝王谷位于尼罗河西岸，靠近卢克索，是法老的墓地所在。卡特和卡那封勋爵在这片山谷艰辛勘探了八年，一心希望能够找到这座隐藏得很好的墓穴，但八年来一无所获。到了1922年夏天，卡那封打算放弃寻找，停止赞助，但卡特说服他再干一年。

除了靠近已发掘出的拉美西斯六世墓附近的一小块地方，卡特的考古队几乎踏遍谷中每寸土地。埃及文物部门要求他们不要接近这个地方，以免挖掘工作妨碍游客参观拉美西斯六世墓。然而卡特确信，那里就是他梦寐以求的图坦卡蒙之墓所在。在卡特的指导下，工人开始挖掘。1922年11月4日，一个工人挖出一个浅浅的台阶。经过进一步挖掘，又发现了更多台阶，最后发现一个涂了灰泥的门楣，上刻古代守墓神的印记。这意味着墓中可能葬有高级官员，甚至法老。当整条十六级台阶被挖出后，人们发现门上刻着图坦卡蒙名字的印记。但是，门的底部曾被重修，说明可能已有盗墓者来过，墓里也许空空如也。

把碎砖和石块都清理出去，一条长长的、倾斜通道展现眼前。通道尽头是第二道带印记的门。当这两位考古学家站在此门前时，心中必定忐忑不安，因为接下去的发现，也许令他们寤寐以求的希望得以实现，但也许愿望成空。

三个星期以后，即11月26日，卡特开始研究。首先，他在门的左上角顶部小心翼翼地凿了一个洞，然后，往洞里插入一根铁棍，试探里面是否有障碍物。接着，他把这个洞扩大，点燃一支蜡烛伸到里面，向内仔细观察。

起初，在一片昏黑中他什么也看不见。但当他的眼睛渐渐适应了暗淡的光线后，一些闪闪发光的宝物开始浮现眼前。他们面前的是墓的前厅，里面堆满法老的随葬品。盗墓者曾经闯入这里，卡特甚至看得见他们留在尘土中的脚印，但他们显然被守墓卫士发现了，只得顺手将赃物放下。厅内杂乱地堆放着一只包金镶珠宝的御座、一套包括三张睡椅的镀金家具、两架黄金战车、黄金塑像和条纹大理石雕像，以及彩陶花瓶。然而，这里却没有卡特最想找的东西——法老的木乃伊。

打开图坦卡蒙墓时的真实情景

他们把前厅和厢房（前厅西南侧的小房间）中的无价之宝一一做记录拍照，并准备把这些文物运往开罗博物馆妥善收藏。这是一项艰巨费劲的工作，必须在不通风而又狭窄的墓室中进行，花了卡特很多时间。而且陆续拥来的游客和新闻记者，聚集在入口处不肯离去，又给卡特添了很多麻烦。

1923年2月，前厅清理完毕后，卡特将注意力转向北墙上的第三道密封门。卡特当着一位应邀前来的参观者的面，凿出一个洞，伸进一支蜡烛查看。在距门九十厘米处，是一堵金制墙壁，一直延伸到他看不见的地方。卡特迅速地拆掉密封门，这才发现那不是墙，而是一个巨大棺椁的边。

过了停尸室是第四个房间，卡特把它称为“宝库”，因为它几乎收藏了陵墓中大部分的贵重东西：贮藏珠宝的小箱、花瓶、小船、神龛、小雕像、一个壳仓的模型和一尊象征女神哈索尔的镀金牛头人身像。这座陵墓是帝王谷中唯一保存完好的陵墓。

棺椁里是一层镀金木框，盖以亚麻布，木框内有三层更重的镀金木椁，刻了大量浮雕。在最里面的那层中，安放着一口雕刻精美的黄色石英岩棺材，棺盖由粉红色花岗岩造成，以陪衬石棺。

开棺过程也请一位参观者见证。卡特这样记载：“石棺内的东西用亚麻布包得严严实实。揭开最后一层裹尸布时，映入我们眼帘的是一片华丽璀璨的景象，在场的人都大吃一惊，不禁发出惊叹之声。石棺内躺着少年法老王的包金躯体，制作工艺精湛绝伦。”

石棺中安放着三层棺木，一层套着一层，异常紧密，很难把它们分开。第二层棺木的盖子终于打开，露出纯金制成的第三层棺木，其中的发现可誉为宝中之宝，令人目眩。里面安放着少年法老的木乃伊，身上缠着亚麻布，上面撒着符咒，并饰以精美的珠宝，脸上罩着一个无价的金制面具。

现在，图坦卡蒙墓中的大部门珍宝都陈列在开罗博物馆，但陵墓里仍存放着躺着法老遗体的金棺。但遗体确属法老吗？令卡特始终感到遗憾的是，没有找到任何卷轴或铭刻能够证实这具尸体的身份，尽管后来进行的一些检验证明这个人是介乎十七到十九岁之间去世的。不过，摆放在他周围的珍稀宝物价值不菲，由此已确定了他生前的地位和财富。

戴着金面具的埃及图坦卡蒙法老

卡特花了十年时间来挖掘图坦卡蒙的宝藏，取得大量有关古埃及第十八王朝时期埃及人生活的全新资料，令古埃及学家们获益良多。他的发现让全球叹为观止，亦令他与那位神秘的少年法老名垂史册。

汉代古尸之谜

在地下沉睡了2000多年的汉代女尸自面世以来，举世瞩目。这是中国继湖南马王堆女尸、湖北荆州男尸之后发现的第三具保存完好的汉代湿型古尸，在中国长江以北属首次发现。

2002年7月7日下午3时多，连云港花园路工地挖上来一口棺木，在场人员马上报警。连云港警方和该市文物保护委员人员立刻赶到现场进行保护。

金缕玉衣

接着，连云港市博物馆考古人员对墓葬进行发掘，发现有一座大型古墓葬，除了被挖出的一口棺木（3号棺）外，墓里还有三口棺木（1、2、4号棺）尚在原地未动。博物馆考古部判定，这是座汉代墓葬。考古人员先清理未出土的三口棺木，从中出土了铁剑、木牍等大量珍贵文物，并确定这三口棺木内尸骨分别为一男两女，其中地位最尊贵的男主人的头颅骨完好无损，颅内脑组织完好。当天晚上，考古人员将3号棺运回博物馆。

最后，考古部主任项剑云带领工作人员开始清理3号棺。他用一根钢钎撬开棺盖后，露出一层密封“天花板”。“天花板”裂开一道缝，一股恶臭直冲脑门。项剑云看见满满的棺液上浮着一截白白的东西，状似藕节。同事突然叫道：“腿！”于是，他们立即报告：“发现了不腐的尸体！”此时博物馆内像炸了锅：层层紧急报告，向古尸保护专家求援，请教古尸保存方法，寻找可以放置古尸的容器……

当天下午3时，考古人员打开了3号棺棺盖，揭开“天花板”，一个仰面漂浮在棕褐色棺液上的古尸呈现在人们眼前。尸体皮肤新鲜白皙润泽，像是刚刚洗完澡，或刚游过泳。经测量，古尸身长1.58米。医生和考古人员用塑料布轻轻托起古尸，将其放入盛有福尔马林溶液的容器中。经鉴定，古尸为女性，年龄在50岁左右。考古人员随后用脱脂棉裹覆尸身，将其完全浸入溶液中遮光保存，周围用冰块降温。

考古人员在棺里还清理出图案精美的长方形漆盒等极其珍贵的文物。其中一枚边长为1.3厘米的青铜印章格外引人注目，印钮是一个栩栩如生

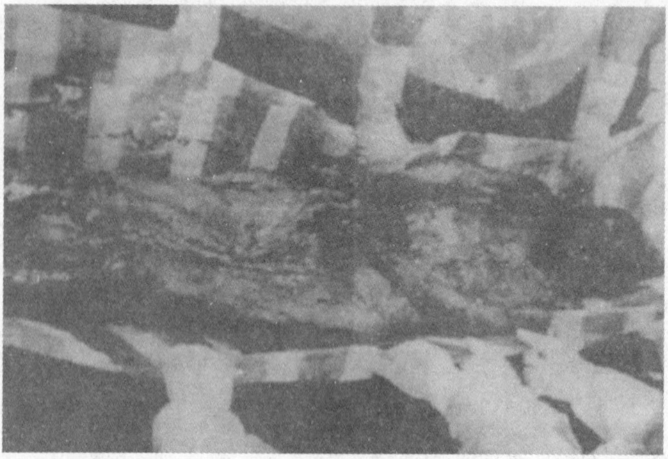

“凌惠平”被从装满棺液的棺木中抬出

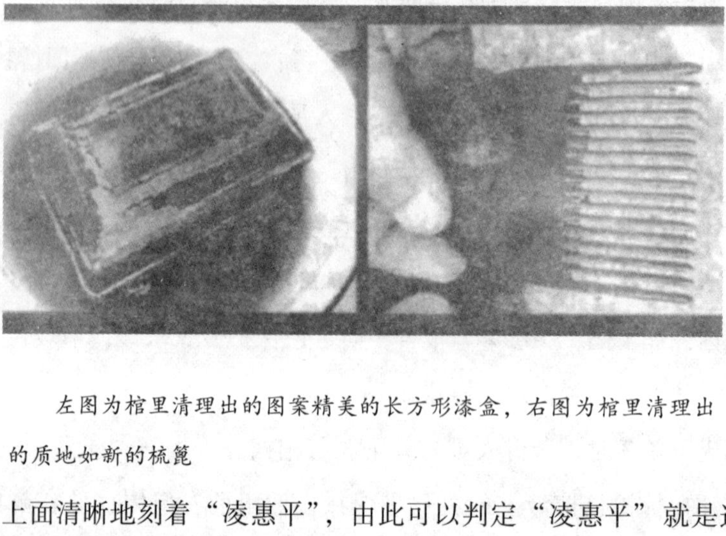

左图为棺里清理出的图案精美的长方形漆盒，右图为棺里清理出的质地如新的梳篦

的龟，上面清晰地刻着“凌惠平”，由此可以判定“凌惠平”就是这具女尸的姓名。考古专家分析推测，她生活的年代为西汉中晚期。

“凌惠平”被放置在连云港市博物馆第一展厅，里面温度为16℃。

在博物馆里，“凌惠平”平躺在一个专门为她定做的透明玻璃棺内，身体完全浸在福尔马林液面之下。她的体态虽已萎缩，但仍显得丰满润泽，有零星衣物碎片缠身。面部扁平，右眼紧闭，左眼半开，眼球微微上翻，露出部分雪白的巩膜和黝黑的瞳，并透出几许清亮。鼻部已下陷成一个扁平的轮廓，紧闭的嘴唇变成一道缝，两耳缩成直径为2.5厘米的圆形。

“凌惠平”头发稀疏，仅在头顶和枕后部有几缕长约10厘米的黑发浮动在液体中，但整个头皮很完整，整齐地密布着一层黑色的发茬，像是剃过。

经过10天福尔马林液的浸泡，她的身体颜色已明显变暗，但皮肤纹理细腻清晰，毛孔清楚可见，两只纤长的手交叉着放在腹部，手指修长，修剪成优美弧状的指甲完好无缺。两条修长的腿平伸着，左小腿轻微内翻，看起来明显比右小腿细小。两脚完整、颇大，至少穿38码的鞋。除了右侧耳后、左侧肩部等零星组织破朽，右腹部有一个长约5厘米的破损之外，整具遗体保存完好。

参与处理保存古尸的医生介绍，她触摸古尸的身体时感到她的皮肤颜色与正常肌肤颜色接近，弹性较好，肌肉也仍有弹性，但皮下肌肉组织结构已有变化，触摸时有气体和液体混合在一起的感觉。

据考古专家推测，“凌惠平”生前的身高应该在1.65米至1.7米之间，身体匀称苗条，身体保养得较好。

古人是用什么原始方法将遗体保存2000多年，这还是一个谜，但在古尸面世之后让她继续“活”下去却成了连云港博物馆的当务之急。周锦屏馆长说：“发现古尸，在震惊的同时还有‘罪恶感’相伴，生怕这么一个重要的发现毁在我们手上。”他们与国内外有关专家联系，寻找先进的保护古尸的方法。

医学专家介绍，尸体之所以会腐烂，是由于人的身体内外都有细菌，菌体有一种酶能消化蛋白质。人死后，细菌就利用人体繁殖，消化人体组织。福尔马林液的成分是甲醛，在医学上被称为固定剂，合理的配制可以使蛋白质失去活性，达到防腐目的。

据介绍，已出土的汉代马王堆女尸和荆州男尸都是用福尔马林液浸泡保存，但都有一定遗憾。目前，连云港古尸暂时浸在福尔马林液中冷藏保存，但文物保护技术专家奚三彩认为这不是最理想的办法，因为福尔马林对蛋白质的固定作用，会使肌肤失去弹性，变得僵硬。

据悉，连云港博物馆正在紧急征集当前国内外遗体保护最新技术，争取尽快拟定抢救性保护古尸的方案，使这具“国宝”级女尸能得以长期保存。

“凌惠平”的出土使考古专家们极其激动和兴奋。他们一致认为“凌惠平”是当之无愧的“国宝”！因为“凌惠平”的每一个细节都是谜！

首先，“凌惠平”的遗体能完好地保存2000多年就是一个奇迹。与马王堆女尸相比，马王堆女尸墓葬规模宏大、豪华，棺内积液不多，在棺外还包围着5000多公斤木炭，然后是成分为二氧化硅、三氧化二铝、氧化铁等的白膏泥层，再加上厚厚的堆土，保存环境与条件都比连云港的这个墓葬要好得多。连云港的这个墓葬非常简陋，椁板上只有一层白膏泥，并无木炭，而且墓地上方是一家化工厂的生产车间，不可避免地对土质有一定的影响，但棺内女尸为何能更好地保存至今？再者，同一个墓葬中，为什么其他三口棺内仅存零星遗骸，“凌惠平”却能肉身完好？

其次，“凌惠平”确切身份更是扑朔迷离。同时出土的男主人棺内也有一枚正方形龟钮青铜印，略大于“凌惠平”的印，但字迹模糊不清，无法辨认。男棺的椁板内侧刻有“东公”二字（“东公”即为有名望的人）。从出土木牍的文字记载内容分析，当时“东海太守”“河南太守”等地方官员都派官吏前来参加葬礼，不难看出，男主人是一个身份不低的地方官吏。

在汉代，只有年俸禄二千担以上的官吏才能用龟钮青铜印，但“凌惠平”为什么也有龟钮青铜印？据考证，中国西汉时期有女性封侯的制度，那么“凌惠平”是否也是被封了侯？

这次出土的四口棺内都盛满了液体，这些液体是入殓时注入的，还是天长日久渗入的地下水，目前尚无定论。据分析，棺液pH值为7.55，呈弱碱性，其中含有血红蛋白，与 pH 值为 5.18 的长沙马王堆墓棺里的酸性棺液截然不同。“凌惠平”能在适于细菌生存的碱性棺液内保持不腐，又是一个谜。也许正是这神奇的棺液暗藏玄机，对古尸保存起了决定性作用，如果有条件采用现代高科技手段充分分析棺液的成分和性质，现代人体防腐研究也许会有重要突破。专家认为，棺液“很奇特”，值得研究。福尔马林不仅气味刺鼻难闻，而且含有致癌成分，对身体有害。若专家对棺液研究能有所突破，那将对医学发展是个重大的贡献。

按汉代墓葬习俗，墓穴中边厢的位置应放置随葬品，但在这个墓葬中，边厢却放置了一口比另三口棺要短约 60 厘米的棺木，随葬品放在棺木内。这也是一个谜。

另外，“凌惠平”本身也有许多疑问。如她的棺内有顶梳理成精美发式的发套，这个发套是否是用自己的头发制成？为何她有头发还用发套？她头上整齐的发茬是否剃过？为什么又留下几缕长发？

据悉，专家对古尸也可以进行单细胞克隆，在不久的将来，也许科学能重现一个“复活”的“凌惠平”。

所罗门财宝之谜

相传以色列的所罗门王，不仅以智慧闻名四方，而且还富甲天下，他死后留下了大量财富。这些财宝埋藏在何处？一直是考古学家和盗墓者极为关心的事情。但寻找了两千多年，人们却一无所获。

传说，一个被称为耶布斯人的部落首先来到地中海东岸的巴勒斯坦中部的耶路撒冷定居，那是在公元前 2000 年左右。后来，另一个迦南人部落也来到这里，他们将这个城市称作“尤罗萨利姆”，意思是和平之城。大约在公元前 1000 年左右，犹太人的首领大卫攻占了这座城市，并把它作为

所罗门缔造的神殿

自己的首都，建立了统一的犹太王国。犹太人将这座城市改称“犹罗萨拉姆”，汉译为“耶路撒冷”。

大卫的儿子所罗门在其统治时期，大兴土木，在耶路撒冷建造了一座巨大的犹太教圣殿，用了7年时间才建成。圣殿建在锡安山上，周围还筑了一道石墙。据说，犹太教最珍贵的圣物“黄金约柜”和“西奈法典”就保存在圣殿里。

由于所罗门王的智慧与才能得到四方的尊敬与朝拜，邻国每年都会派使臣来向他进贡金银财宝和名贵香料。而在所罗门统治时期，以色列的手工业、商业特别是对外贸易达到全盛时期，所罗门王积聚了大量财富。据说他把数不胜数的金银珠宝埋到了圣殿的地下室和秘密隧道里。这就是所谓的“所罗门财宝”。

所罗门死后，犹太国分裂成两个国家。南方以耶路撒冷为中心，仍叫犹太国，北方另立新朝，称以色列。公元前590年，新巴比伦国王尼布申尼撒二世第二次攻打犹太，公元前586年，终于攻陷耶路撒冷，烧毁王宫

和圣殿，并将大批犹太人押送到巴比伦，这就是历史上著名的“巴比伦之囚”。随着耶路撒冷被攻陷，无价之宝“黄金约柜”和“所罗门财宝”下落不明。

以色列的一个长老耶利来在耶路撒冷被攻陷后，曾试图寻找“黄金约柜”。当新巴比伦人撤走后，他来到已成废墟的圣殿前面，看到了著名的亚伯拉罕巨石，而“黄金约柜”当初就放在这块巨石之上。可现在“黄金约柜”早已无影无踪。

20 世纪初，一些学者猜测，“黄金约柜”和“所罗门财宝”有可能藏在亚伯拉罕巨石下面的暗洞里。还有人认为，也许它们被藏在约亚暗道里。约亚暗道是大卫王在攻打耶路撒冷时偶然发现的一条可以从城外通到城里的秘密通道。此暗道后来又与圣殿连在一起。在新巴比伦国王尼布申尼撒二世攻陷耶路撒冷之前，人们已经及时将“黄金约柜”和“所罗门财宝”转移到这条暗道之中。

还有人认为，公元 70 年，罗马帝国占领耶路撒冷，把这批“所罗门财宝”悉数掠去，并在罗马举办展览，以后便保存在罗马城内。公元 410 年，西罗马帝国灭亡，西哥特人攻陷罗马城后大肆破坏，“所罗门财宝”从此便不知所踪。

甚至还有人估计，“所罗门宝藏”其实早在罗马帝国的历次战争中就已被充作军费，早已所剩无几。

不过也有传言，认为西哥特人攻占罗马后，夺得了“所罗门财宝”，把其搬到了法兰西的雷恩堡。西哥特帝国灭亡之后，这批财宝便留在了雷恩堡地底下。

但传说归传说，猜测归猜测，人们始终没有找到“所罗门财宝”。人

紫罗兰翠绿项链

们又联想到：据说在所罗门王统治时期，他常常派船只出海远航，而且每次回来时总是金银满舱。会不会在茫茫大海中的某处小岛上他修建了自己储藏黄金的宝库，他又经常派出小船从这个宝库中取回不尽的金银财宝呢？大家把目光转向南太平洋。

1568 年，一个叫门德纳的西班牙航海家率领一支考察队登上南太平洋上一座海岛。当他见到当地土著身佩金光闪闪的黄金首饰时，认为这里就是所罗门王的珍宝藏匿地，于是给此处取名所罗门群岛，并在岛上展开大规模寻觅，可惜并没有如愿以偿地找到他们想要的金银财宝和香料。

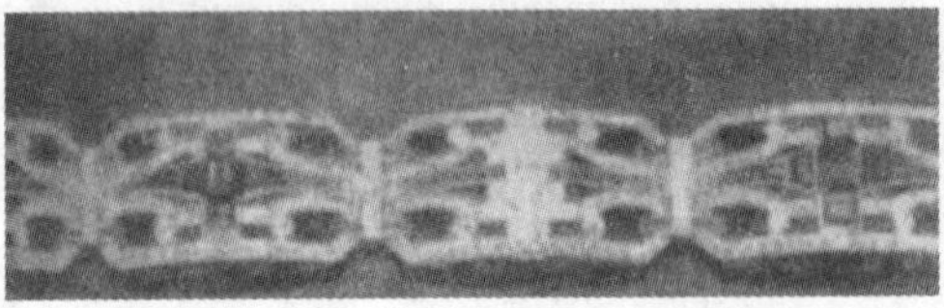

镶钻蓝宝石手链

所罗门群岛位于太平洋上距离澳大利亚东北部约 1200 英里（1 英里 = 1.609 344 千米）的地方，数以百计的岛屿从巴布亚一直延伸到新几内亚，延伸大约 900 英里，岛屿地貌相似：多山、河流纵横、90% 以上的地表覆盖着热带雨林，要在这些小岛中断定哪一座是所罗门王的藏宝处岂非难上加难。

从 16 世纪至今，一代又一代探宝者不断到这里来碰运气，但结果都是一样的——一无所获。到底是为什么呢？

一件有趣的事实是：在埃及卢克索市卡纳克神庙有这样一段铭文：拉巴蒙王第五年，埃及王舍沙克攻占了耶路撒冷，他拿走了圣殿内的一切，拿走了所罗门王的金盾牌。难道早在公元前 10 世纪，“所罗门财宝”就已经被掠到埃及了吗？

拿破仑把战利品藏在何处

1812年5月，法国皇帝拿破仑率领50万大军对俄国进行远征，并于同年9月14日占领莫斯科。此时的莫斯科几乎是座空城了，大部分居民已随俄军撤退，近20万人口的城市剩下还不到1万人。当天晚上，城内有几处起火，后蔓延成大火，整整持续了6天6夜。

战场上的拿破仑

饥饿和严寒威胁着法军。由于战线拉得很长，交通运输常遭袭击，粮食和弹药供应不上，而俄皇亚历山大一世又不接受和谈，在这种情况下，拿破仑不得不放弃刚占领不久的莫斯科，于10月19日向西南缓慢后撤。撤退中，沿途曾不断受到俄军和农民游击队的阻击。就在这个时候，法军庞大的辎重队中有25辆装满了在莫斯科掠夺的战利品的马车突然失踪了。自那时起，一个半世纪以来，拿破仑的这批战利品究竟隐藏在哪儿，就成了鲜为人知的谜。

一位名叫尤·勃可莫罗夫的苏联学者，他并不是研究历史的，但在阅读英国历史小说家瓦·斯戈特所著的《法国皇帝拿破仑·波拿巴的生涯》一书时，对其中的一些情节很感兴趣：

“11月1日，皇帝继续痛苦地退却。他在禁卫军的护卫下，踏上了向斯摩棱斯克的道路。由于担心途中会遭到俄军的阻截，所以应尽快往后撤。”

“因感到目前处境的危险，拿破仑深知在莫斯科所掠夺的古代的武器、大炮、伊凡大帝钟楼上的大十字架、克里姆林宫中的珍贵物品、教堂的装饰品以及绘画和雕像等已无法带走，但又不甘心让俄军夺去，所以就命令将这些东西沉入萨姆廖玻的湖里。”

瓦·斯戈特是一位注重史实的作家。他这本书的完成和出版是在1831年至1832年之间，离拿破仑远征莫斯科仅隔20年，时间不算很长。勃可莫罗夫由此认为，这件事在那些曾参加了那次远征的人的手记或回忆录中应有所涉及，于是决定要查阅一下与拿破仑同时代的人是否提到有关战利品的情况。

拿破仑半身像

拿破仑在败退时，曾和两名亲信乘着雪橇往西疾驰。其中一人名叫阿仑·德·哥朗格尔。勃可莫罗夫在他的回忆录中见到如下一段话：“11月1日，拿破仑从比亚吾玛退走。11月2日，我们来到了萨姆廖玻。第三天，到达斯拉普柯布。在这里，我们遇到大雪的侵袭……”

哥朗格尔写道，拿破仑曾在萨姆廖玻。斯戈特说，拿破仑把战利品沉入萨姆廖玻的湖里。两者提供的日期和地点是完全相符的。

后来，勃可莫罗夫还参阅了一些俄国人、英国人和法国人所记述的有关这方面的材料，一致认为拿破仑是 1812 年 11 月 2 日把从莫斯科掠夺的战利品扔进了萨姆廖玻的湖中。

但这样的事情，法国士兵会不会泄漏给俄国人呢？显然是不可能的。再说，即使居民知道法国皇帝这个秘密，大概也只能望湖兴叹。试想，在因战争而荒芜的小村子里，又有什么工具能把湖底的东西打捞上来呢？所以，勃可莫罗夫深信，如果战利品确实沉入了湖里，那它现在应还沉睡在不为人知的哪个地方。

这个地方是哪儿？这个湖又在何处？勃可莫罗夫在列宁图书馆花了大量时间进行查阅，几乎翻遍了所有的地图。但令人感到失望的是，在比亚吉玛、萨姆廖玻一带并没有什么湖。后来，他给苏联科学地理研究所去了信，对方答复说："在比亚吉玛西南 29 千米的沼泽地有条叫萨姆廖夫卡的河。那块沼泽地也是以这个名字命名的。"

这样看来，随着岁月的推移，这个湖有可能是变成沼泽地了。

那 100 多年来，是否有人对这块地方进行过探索呢？勃可莫罗夫虽然查阅了许多资料，但收获甚微。后来，他给有关机构去了信，询问这方面的情况。大部分的回答是无可奉告，只有斯摩棱斯克地方政府内政管理局记录保存室提供了一点材料：

1835 年，根据斯摩棱斯克地区长官的命令，由夏瓦列巴奇中校率领工兵部队曾对这个湖进行勘查。他们先测量了湖水的深度，在离水面 5 米左右深的地方，有堆像岩石般的堆积物，铅锥碰上去，似乎听到一种金属的声音。地区长官向国务大臣报告，国务大臣又呈报给沙皇。尼古拉一世拨款 4000 卢布，用来建立围堰，以便把水抽干。后来，围堰完成了，水也抽干了，但呈现在眼前的仅是一堆岩石。搜寻就此中止了。

在 1911 年，根据一些志愿者的要求也曾进行过探索，但还是竹篮打水一场空。

综上所述，关于拿破仑的战利品突然失踪的问题，仍有待于人们的研究和发掘。

纸张变钱之谜

意大利旅行家马可·波罗跟父亲和叔父到处游历，在中国看到汗八琉造币厂以桑皮纸大量印制纸币，然后盖上皇帝玉玺，就能流通。他看后似乎颇为欣赏："此项纸币如此大量制成后，即在大汗治下各处流通，没有人胆敢不顾性命，拒绝接受。大汗的子民，不论何时何地，买卖收支，都毫不犹豫地使用这种纸币。拿着这种纸币可以买到各种所需的商品，比如珍珠、宝石、金银，甚至任何其他的东西。"马可·波罗还说："不管什么人都可以持着旧币，在付出一点手续费后，就能换成新币，甚至换取金、银条也行。"他所游历的中国城市，几乎全都使用纸币，除了大汗的纸币，并无他种货币。

但元代是否真的如马可·波罗所说，全用纸币呢？而大汗的纸币又是否可以买到任何所需的东西呢？还有，大汗的纸币可不可以拿去兑换金、银条呢？元代又有无他种货币可用？

马可·波罗这些有关元代钞法的记载无疑颇近事实，而元代钞法在当时世界上，也是较为完备的纸币流通制度，比如定下纸币无限法偿、设立平准库、买卖金银以维持钞价、集中现银于国库、筹足发行准备基金，以及禁止金、银和铜钱流通，专用纸币等。元朝朝廷这样做，当然是吸取了宋、金两朝币制失败的教训，所以发行纸币，依现银储备数量为准，开始时币值是较为稳定的。但好景不长，原来凭纸币票面价值，可向政府兑换等价白银，后来却因纸币大量发行而致票面价值形同虚数，根本没有那么多白银可兑！

于是就出现了“权钞钱”的怪现象。原来元代起初也铸过一些铜钱，但数量不多，比历代所铸的都要少。发行纸币以后，为了维持币值，更禁止使用铜钱。但纸币大量发行，不断贬值，在老百姓心目中信用扫地，所以私下人人都依旧使用铜钱。元朝政府迫于无奈，逐渐又恢复了铜钱的合法地位，并且铸造了一种直径 8 厘米、名叫“至正之宝”的铜钱。这种铜钱是中国历史上直径最大的钱币。但这种铜钱似乎“大而无当”，而且性质更是“与众不同”，因为向来只有人以纸币代表金属货币，而这种钱币却以本身的金属价值来代表没有价值的纸币。元朝朝廷把这种钱币，称为“权钞钱”。老百姓在纸币不值钱的时候，就拿去换“权钞钱”，然后再用来熔为铜锭！

纸币当然极容易伪造。元代的伪钞问题是非常严重的。元世祖至元七年（1270 年），颁下法令，规定伪钞造得仿如真钞，能够流通的，伪造人处死；而造得不三不四，未能流通的，则判流放之刑。但制造伪钞可获巨利，许多人还是以身试法，因此后来不管造得像与不像，一律处死。然而道高一尺，魔高一丈，制造伪钞的人发了财，就出钱替同伙谋取官职，作为内应，依旧私印伪钞，扰乱金融。马可·波罗说什么“除了大汗的纸币，并无他种货币”，恐怕是不知道纸币的“内里乾坤”而说的美言。

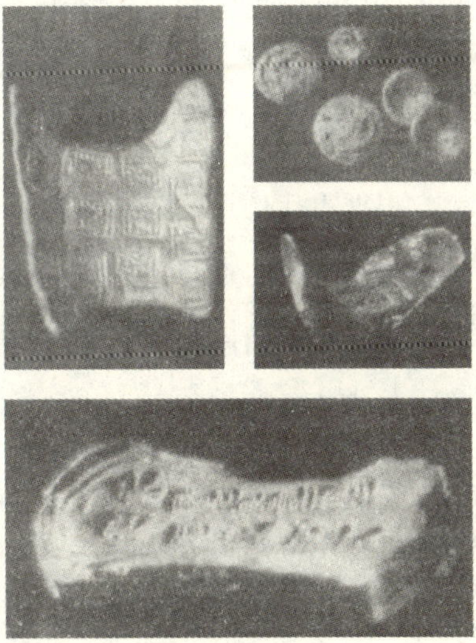

金币和金锭

到元顺帝时期（1333—1368），元代币制一改再改，仍然未能抑制通货膨胀，物价比之元代初年，涨了近 1000 倍。中国历朝纸币原具的兑换性质（如南宋纸币），代表金属铸币流通，可以换取铸币或其他实物的作用也从元代开始宣布废止，实行纯纸币流通制度。这样的纸币，当然不能取信于人，马可·波罗描述的美好景象，用纸币可以买到珍珠、宝石及各类所需物品的情形，听来就像是神话。

元朝立国初，因为蒙古人向来广泛使用白银，并以白银作为货币，所以就确立了白银在中国历史上的货币地位。1260 年元世祖忽必烈即位，不久便铸了一批每个重五十两的银元宝。元宝之名，虽曾在唐宋两代用过，比如唐代的开通元宝（其实应当是开元通宝，为唐代开元间所铸钱币，但据称被人误读为开通元宝，以讹传讹，因而得名）、宋代的大历元宝，可是将铸成的一个个银锭叫作元宝，却是从元朝开始的，意思便是元朝的宝货。元代铸造的银元宝两头翘起，也和铜钱中央为方便串起而铸成的方孔一样，具有实际作用，因为中国古人携带钱财，并不放入衣袋而缠于腰间，所以元宝的式样，正是为了便于缠在身上，故有腰缠万贯的说法。

由上所述看来，元朝的纸币根本当不起马可·波罗的赞美，倒是他并没有提到的银元宝，确为中国货币的一个特色。

根据古代历史文献所载和出土文物显示，中国人使用货币已有三千多年历史。远古时期早已用龟、贝、珠、玉、金、银充当货币，历来按重量称用。汉唐以后则铸为不同形状及器物形式流通。南北朝时出现金、银钱，正式铸币使用则自金代始。十六国时期更一度使用谷帛，钱币及纸币均不通行。江苏出土的楚金爰又名印子金，是在金板上打印戮而成。汉代的金饼多作宫廷赏赐之用，未作民间通货流行；金元宝的用途也一样。1197 年，金章宗铸承安宝货以银铸成，近年首次在黑龙江出土，是名副其实的稀世之宝。

圆明园宝藏之谜

“有一天，两个强盗闯进了夏宫。一个进行洗劫，另一个放火焚烧。胜利者原来可以成为强盗。胜利者把夏宫的全部财富盗窃一空，并把抢来的东西全部瓜分掉。”

法国著名文学家雨果在这里说的“两个强盗”就是指英法侵略者，“夏宫”指的是中国圆明园。1860年10月，英法联军对北京圆明园的野蛮劫掠和焚烧，是人类文明史上最惨痛的劫难之一，并由此拉开了中国近代文物大流失的序幕。世界园林的典范圆明园位于北京西部海淀区以北，是清朝皇帝的一座别宫。1709年，清康熙帝把明朝贵族的废园赐给当时的皇四子胤祯（即后来的雍正帝），命令着手修建并赐名圆明园。之后，雍正、乾隆、嘉庆、道光等诸帝用了150余年，耗费大量精力对其不断进行修缮、扩充，把它精心营建成为一座规模宏伟、景色秀丽的离宫，雍正、乾隆、嘉庆、道光、咸丰各帝每到夏秋，多在这里避暑听政，处理军国政务。

圆明园是由圆明园、长春园、万春园（同治朝前称绮春园）三园组成，所以又称圆明三园。此外在它的周围又有许多属园，如畅春园、清漪园、静宜园及熙春园等。这些以圆明三园为中心的园林建筑，东起近春园，西到香山一带，连绵20华里（1华里=500米）。全园面积合计五千多亩（1亩≈666.67平方米），是人工创造的一处规模宏伟、景色秀丽的大型山水园林。不仅汇集了江南若干名园胜景，还创造性地移植了西方园林的建筑风格，集当时古今中外造园艺术之大成。平地叠山理水，精制园林建筑，广植树木花卉，以断续的山丘、曲折的水面及亭台、曲廊、洲岛、桥堤等，将广阔的空间分割成大小百余处山水环抱、意趣各不相同的风景群。园内水面占三园总面积五分之二，大、中、小水面由环流的溪水串联成一个完整的河湖水系。园内又缀叠大小土山、假石山250余座，与水系相结合，水随山转、山因水活，使整个园林比烟水迷离的江南更加迷人，被人们誉为“万园之园”“世界园林的典范”。

圆明园中大水法的残垣断柱

圆明园内的主要风景群有著名的“圆明园四十景”，即正大光明、勤政亲贤、九州清晏、镂月开云、天然图画、碧桐书院、慈云普护、上下天光、杏花春馆、坦坦荡荡、茹古涵今、长春仙馆、万方安和、武陵春色、山高水长、月地云居、鸿慈永祜、汇芳书院、日天琳宇、澹泊宁静、映水兰香、水木明瑟、濂溪乐处、多稼如云、鱼跃鸢飞、北远山村、西峰秀色、四宜书屋、方壶胜境、澡身浴德、平湖秋月、蓬岛瑶台、接秀山房、别有洞天、夹境鸣琴、涵虚朗鉴、廓然大公、坐石临流、曲院风荷、洞天深处。此外，还有紫碧山房、藻园、若帆之阁、文源阁等处，风景皆清幽、醉人。

长春园始建于乾隆十年（1745年）前后，于1751年正式设置管园总领时，园中路和四路各主要景区已基本建成，诸如澹怀堂、含经堂、玉玲珑馆、思永斋、海岳开襟、得全阁、流香渚、法慧寺、宝相寺、爱山楼、转湘帆、丛芳谢等。其后又相继建成茜园和小有天园。而该园东部诸景

(映清斋、如园、鉴园、狮子林)，是乾隆三十一年至三十七年大规模增建的，包括西洋楼景区。长春园共占地一千亩，悬挂匾额的园林建筑约为200座。

绮春园原为怡亲王允祥的赐邸，约于康熙末年始建，后曾改赐大学士傅恒，至乾隆三十五年（1770年）正式归入御园，定名绮春园。那时的范围尚不包括其西北部。嘉庆四年和十六年，该园的西部又先后并进来两处赐园，一是成亲王的西爽村，一是庄敬和硕公主的含晖园，经大规模修缮和改建、增建后，该园始具千亩规模，成为清帝园居的主要园林之一。至此，圆明三园处于全盛时期。嘉庆先有“绮春园三十景”诗，后又陆续新成20多景，当时比较著名的园林景群有敷春堂、清夏斋、涵秋馆、生冬室、四宜书屋、春泽斋、凤麟洲、蔚藻堂、中和堂、鉴碧亭、竹林院、喜雨山房、烟雨楼、含晖楼、澄心堂、畅和堂、湛清轩、招凉榭、凌虚亭等近30处。悬挂匾额的园林建筑有百余座。绮春园宫门建成于嘉庆十四年(1809年)，因它比圆明园大宫门和长春园二宫门晚建半个多世纪，亦称“新宫门”，一直沿用至今。自道光初年起，该园东路的敷春堂一带经改建后，作为奉养皇太后的地方，但园西路诸景，仍一直是道光、咸丰皇帝的园居范围。

圆明园的园林造景多以水为主题，因水成趣，其中不少是直接吸取江南著名水景的意趣。圆明园后湖景区，环绕后湖构筑了九个小岛，是全国疆域“九州”之象征。各个岛上建置的小园或风景群既各有特色，又彼此相借成景。北岸的上下天光，颇有登岳阳楼一览洞庭湖之胜慨。两岸的坦坦荡荡酷似杭州花港观鱼，俗称金鱼池——“凿池为鱼乐国，池周舍下，锦鳞数千头”。圆明园北部的水木明瑟，用西式水法引水入室，转动风扇——“林瑟瑟，水泠泠，溪风群籁动，山鸟一声鸣”。乾隆皇帝喜欢在此消暑。长春园西湖中的海岳开襟，在白玉石圆形巨台上建有三层庙宇，远远望去好似海市蜃楼一般。

福海之中的蓬岛瑶台，取材于神话中的蓬莱仙岛，原名蓬莱洲。雍正皇帝让工匠在圆明园的东湖之中用嶙峋巨石堆砌成大小三岛，象征传说中的蓬莱、瀛洲、方丈“三仙山”，岛上建有殿阁亭台。在福海四岸另外还建有10多处园林佳景。福海东西、南北各宽五六百米，加上四周小水域，共约35公顷（1公顷=10 000平方米），相当于北海公园的水面面积大小。这里水面开阔，景色秀丽，每于端午佳节，在此举行大型龙舟竞渡活动。八月十五日夜，清帝于此观赏河灯；冬日结冰后，皇帝乘坐冰床在福海赏游。福海实际上是圆明园的水上娱乐中心。

圆明园的一个显著特点就是大量仿建了全国各地特别是江南的许多名园胜景。乾隆皇帝曾经六次南巡江浙，多次西巡五台，东巡岱岳，巡游热河、盛京和盘山等地，每至一地，凡他所中意的名山胜水、名园胜景，就让随行画师摹绘成图，回京后在园内仿建。据不完全统计，圆明园的直接摹本不下四五十处。杭州西湖十景，连名称也一字不改地在园内全部仿建。圆明园的西峰秀色是雍正、乾隆二帝每年七月初七，设七夕巧筵的地方。这里可远借西山景色，河西岸有一组叠山，松峦峻峙，山涧之中瀑布飞流急下。在此近视仰视有如庐山的峻峙气势，取名叫“小匡庐”。坐石临流，仿自绍兴会稽山阴之兰亭，建于雍正朝，俗称流杯亭。圆明园的这座兰亭，奇石峭列，激流分注，建有三开间的重檐敞亭。乾隆四十四年，收集到历代书法名家“兰亭序”帖6件，再加上大学士于敏中和乾隆皇帝自己的手迹，合为《兰亭八柱册》。乾隆皇帝让把此亭改建为八方，并换成石柱，每柱刻一帖，这就是著名的圆明园兰亭八柱。廓然大公，后来也总称双鹤斋，仿照盘山静寄山庄的云林石室的山石，叠石而成。嘉庆诗赞双鹤斋：“结构年深仿惠山，明园寄畅境幽闲。曲蹊峭茜松尤茂，小洞崎岖石不顽。”武陵春色摹写的是陶渊明《桃花源记》的艺术意境，它建自康熙末年，雍正朝称桃花坞，曾是乾隆皇帝读书的地方，号称有山桃万株。

圆明三园中的殿堂、楼阁、亭台、轩榭、馆斋、廊庑等各种园林建筑，共约16万平方米，比故宫的全部建筑面积还多10 000平方米。园内的建筑既吸取了历代宫廷式建筑的优点，又在平面配置、外观造型、群体组合等诸多方面突破了宫式规范的束缚，广征博采，形式多样，创造出许多在我国南方和北方都极为罕见的建筑形式。加之在园林布局上，因景随势，千姿百态；园中各景又环环相扣，层层进深，形成了丰富多彩、自然和谐的整体美。法国传教士王致诚曾经有过形象的描述："圆明园的建筑，形式变化较多，而且参差不齐，不落窠臼。它的每一座小的宫殿，都仿佛是按照奇特的模型制成的，像是随意安排的，没有一座与其他一座雷同。一切都如此饶有兴趣，人们不能在一览之下就领略这幅景色，必须一点一点地仔细研究它。"

清朝皇帝为了追求多方面的乐趣，在长春园北界还引进了一片欧式园林建筑，俗称"西洋楼"。它由谐奇趣、线法桥、万花阵、养雀笼、方外观、海晏堂、远瀛观、大水法、观水法和线法墙等10余个建筑和庭院组成。西洋楼于乾隆十二年（1747年）开始筹划，至二十四年（1759年）基本建成。由西方传教士郎世宁、蒋友仁、王致诚等设计指导，中国匠师建造。建筑形式是欧洲文艺复兴后期的巴洛克风格，造园和建筑装饰方面也吸取了我国不少传统手法。

西洋楼的主体其实就是人工喷泉，时称"水法"。构思奇特，主要形成谐奇趣、海晏堂和大水法三处大型喷泉群，颇具殊趣。

谐奇趣是乾隆十六年秋建成的第一座建筑，主体为三层，楼南有一大型海堂式喷水池，设有由铜鹅、铜羊和西洋翻尾石鱼组成的喷泉。楼左右两侧从曲廊伸出八角楼厅，是演奏中西音乐的地方。

海晏堂是西洋楼最大的宫殿。主建筑正门向西，阶前有大型水池，池左右呈"八"字形排列着十二只兽面人身铜像，每昼夜十二个时辰，由十二生肖依次轮流喷水，正午时刻十二生肖一齐喷水，俗称"水力钟"。这种用十二生肖代替西方裸体雕像的精心设计，实在是洋为中用、中西结合的杰作。

大水法是西洋楼最壮观的喷泉，建筑造型为石龛式，酷似门洞，下面有一大型狮子头喷水，形成七层水帘。前下方为椭圆菊花式喷水池，池中心有一只铜制梅花鹿，从鹿角喷水8道水柱。两侧有10只铜狗，从口中喷出水柱，直射鹿身，溅起层层浪花，俗称“猎狗逐鹿”。大水法的左右前方各有一座巨大的喷水塔，塔为方形，13层，顶端喷出水柱，塔四周有88根铜管子，也都一齐喷水。当年皇帝是坐在对面的观水法，观赏这一组喷泉的，英国使臣马葛尔尼、荷兰使臣得胜等，都曾在这里“瞻仰”过水法奇观。据说这处喷泉若全部开放，有如山洪暴发，声闻里许，在近处谈话须打手势，其壮观程度可想而知。

万花阵是仿照欧洲的迷宫而建的花园。它的主要特点是用4尺（1市尺=0.333 3米）高的万字图案的雕花砖墙，分隔成若干道迷阵，因而称作“万花阵”。盛时，每当中秋之夜，清帝坐在阵中心的圆亭里，宫女们手持黄色彩绸扎成的莲花灯，寻径飞跑，先到者便可领到皇帝的赏物，所以也叫黄花阵或黄花灯。虽然从入口到中心亭的直径距离不过30余米，但因为此阵易进难出，容易走入死胡同，清帝坐在高处，四望莲花灯东流西奔，引为乐事。

西洋楼景区的整个面积不超过圆明三园总面积的五十分之一，只是一个很小的局部而已，但它却是我国成片仿建欧式园林的一次成功尝试。这在我国园林史上和东西方园林交流史上都占有重要地位。

圆明园不仅以园林著称，而且也是一座收藏相当丰富的皇家博物馆，堪称人类文化的宝库。法国大作家雨果曾说：“即使把我国所有圣母院的全部宝物加在一起，也不能同这个规模宏大而富丽堂皇的东方博物馆媲美。”园内各殿堂内装饰有难以计数的紫檀木家具，陈列有许多国内外珍稀文物。上等的紫檀雕花家具、精致的古代碎纹瓷器和珐琅质瓶盏，织金织银的锦缎、毡毯、皮货、镀金纯金的法国大钟，精美的圆明园总图，宝石嵌制的射猎图，栩栩如生的风景人物壁画，以及我国其他各种精制的艺术品和欧洲的各种光怪陆离的装饰品，应有尽有。

园内珍藏有极为罕见、丰富的历史典籍。文源阁是全国四大皇家藏书楼之一，仿照于波范氏天一阁而建。园内各处藏有《四库全书》《古今图书集成》《四库全书荟要》等珍贵图书文物。《四库全书荟要》共抄两部，一部贮在故宫，另一部收藏于长春园含经堂的东厢“味腴书室”。另外，著名文轩——淳化轩是专为收藏著名法帖《淳化阁帖》的摹版而建的。圆明园为中华民族赢得过许多殊荣，曾经是我们的骄傲。然而，就是这座举世无双的园林杰作，中外罕见的艺术宝藏，竟遭到外国侵略者极其野蛮的摧毁和破坏，他们不仅将整座宝库洗劫一空，而且还兽性大发，将其纵火焚烧，对中国人民犯下了不可饶恕的罪行。

青玉双联瓶罐

英法侵略者，在1857年12月，悍然发动了对中国的第二次鸦片战争。历经将近3年的作战，于1860年10月兵临北京城下。在战争中，侵略者受到了中国军民的英勇抵抗，付出了沉重代价，因此到达北京后，他们穷凶极恶地声称要中国政府和中国人民为他们的“损失”做出赔偿，并很快把视线盯上了宝藏充栋的圆明园。具有讽刺意味的是，在劫掠行动开始前，他们为掩人耳目，竟然不知廉耻地张贴出布告，声称“宇宙之中，任何人物，无论其贵如帝王，既犯虚伪欺诈之行为，即不能逃其所应受之责任与刑罚也。兹为责罚清帝不守前言及违反和约起见，决于十八日焚烧圆明园，所有种种违约举动，人民既未参与其间，决不加以伤害，惟于清帝政府，不能不一惩之也。”在烧掠圆明园之前，侵略者之间为如何报复清政府一事进行过热烈的辩论，最后“寻思推绎的结果，只有毁坏圆明园，似乎是唯一的方法，而且这种责罚，仅降在清文宗本身，与人民无关”（利文沃斯《瞄准中国之箭》）。在烧杀抢掠别国生命财产前，竟然振振有词，文过饰非，其可憎可恨，旷世罕见。

在大规模的焚烧前，侵略者开始了对圆明园的野蛮抢劫。10 月 8 日，英法侵略者闯入只有很少护园官兵守护的圆明园，开始疯狂地进行抢劫。军官们拥有优先权，先于士兵成批进入，随后，士兵们也得到命令可以进去“自由抢劫”。

面对这座皇家园林的恢宏气势，侵略者也为之赞叹不已：“假若你能够的话，你必须想象一所广大的迷宫，充满着峥嵘参差的山石，景色可以入画，房子俱用上等香楠制成。湖泽池沼，交错其中，上下天光，一碧万顷。还有屋顶镶着黄色琉璃瓦的凉亭，几座戏台和储衣室，其中收存歌裙舞衣，优伶扮相的行套，预备大规模演戏用的。所有演戏的楼台，及其附带应用的房屋，差不多要占五亩至十亩的面积。周围琳宫着奇怪的神祇。宫殿内外，都充满着中国古代的美术物品值。嘉木珍林，奇花异卉，形式万般，五光十色，造物物。还有擅长布置园林的中国人，其技术闻名世界。意匠这景色，各处配合得极其巧妙，一丘一壑仿佛自然景色中，隐约露出光灿的屋顶。东零四散的几座旧式中国桥梁圆明园，可以得到一个浅淡模糊的概念，既不能描写清楚透彻。”（亨利·劳赤《二次出访中国纪事》）

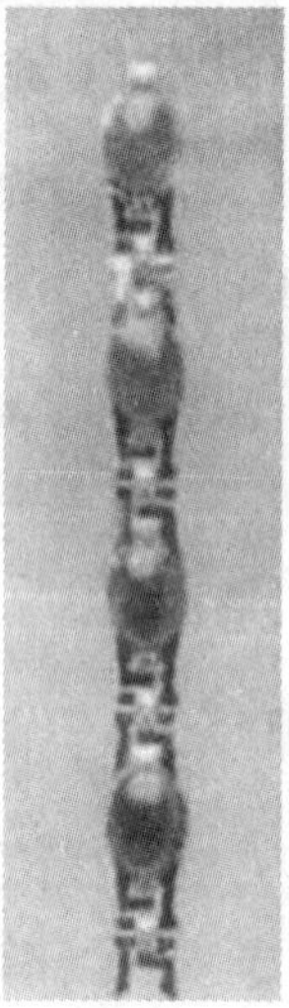

镶有四颗“老玻璃种”翡翠蛋面和钻石的金手链

强盗们早已跃跃欲试了，一待接到命令，便争先恐后地破门而入，堆积如山的财宝和各种珍奇物品，豁然呈现面前，“一间一间的屋子，充满着价值连城的物品，或系国产，或来自欧洲，一间一间的大厅，置有价值巨昂的瓶缸，还有储藏绸缎绣货的房屋，也敞开在他们眼前。乱七八糟，予取予携的抢劫，肆意破坏一切过于笨重、不能移动的物品，都立刻开始了”（润尼《北中国和日本的英国武力》）。强盗们三个一群、四个一伙，穿过一座座古代建筑宫殿、房屋、亭台楼阁，寻找着每一个有价值的物品。“谁也不知道该拿什么东西，为了金子而把银子丢了，为了镶有珠宝的别针和宝石又把金子丢了；这人也许喜欢景泰蓝的宫瓶，那人或者贪婪一件绣花的长袍，也许只有人念及将来的时候，就挑选一件大衣。”每个人都不想错过这个机会。

强盗们把能拿走的东西全部拿走，拿不动的或来不及拿走的，就粗暴地将它们全部摧毁。“一切不能破碎的物品，极力伤毁，使其变为不值钱的东西。”同时由于抢劫时间很短促，因而不能仔细地抢掠，许多金质东西都被误认为黄铜而摧毁。“看呀，他们走进一扇关闭着的门，若是试举门闩，或转弄栓柄，未免太麻烦了，所以杰克用脚踢开。他们走进去，有人就推翻桌子，或许将有些珍奇的手抄本从里面倾倒出来。在士兵们的眼光中，这些不过是废纸罢了，就用为燃点烟斗的火具。另一个兵士，偶然转过身去，看见他的面庞，照在一面镜子里面，立刻勃然大怒，认为是一种侮辱，就将一个踏脚的矮凳，向镜子掷去，而威廉又以为墙上所悬的精美画框中那位老绅士对他做嘴脸，就用枪刺破画绢。有些美妙的维纳斯雕像，立刻被装点上胡须，用为击木偶游戏的目标。所有别的物件，都乱遭枪击，因此等物件，以其地位，惹人瞩目，却似乎有点触犯了久战的兵士的眼帘。他们愿意将房宅变为汛地，喜欢毁坏物件，一定是人类的天性，人们愈被严厉阻止，不能肆意如此，当机会来临的时候，他们似乎愈加热切地喜欢见物就毁了。”（引文出处同上）就连英国侵略军头子喀尔金本人也不得不假慈悲地说：“劫掠和蹂躏这样一个地方，已够坏了，但更坏得多的是破毁。”

这群明火执仗的强盗，从军官到士兵，每个人都是腰囊累累，满载而归。后来有人承认“一个士兵口袋里有了二万、三万、四万甚至一百万法郎”。据英国侵略者戈得登供认：“离开圆明园时，军中每个人都获得四十五镑以上的掠夺品。”

当时参与烧掠圆明园暴行的一名英国军官在事隔50多年后撰写的一部书中，回忆了当时的情形，将那时偷盗的经过淋漓尽致地描绘出来，字里行间清晰地展示了侵略者所犯下的滔天罪行：

“横穿过庭院便是觐见大殿，殿内除一些极大的景泰蓝花瓶外，其余的东西全被抢走了。我转到右边一个小房间，里面满是封面的小册子，我想这些册子定是国内藏品的目录。”

“我更找到一个奇形镂金的花盆，在金镂之间，更用白色珊瑚琢成文字。盆中充满泥土，在泥土中栽着一株高约一尺的黄金树。树枝上悬挂着红玉为核的蓝宝石果子。此外，我又收集到很多卷上等质料的绸缎。我把掠得的全部物品装在7个筐子里，这7个筐子是从门口的卫兵处要到的，而守卫圆明园的法国军官又供给我所需要的中国苦力（俘虏），于是我跳上拴在门边铁环上的坐骑，命7个中国人抬着我的掠夺品在前面走，我骑马执枪在后面押着回到北京的军营。”

遵照英军统帅格兰特的命令，焚烧行宫以前，所有抢劫的物品都用拍卖法售出。所售出的款项作为奖金，依照品级等次分发给军队。绸缎大多为英国印度籍士兵所掳掠，他们用大车将东西运走，并在其军营中摆起摊儿来，公然出售这些才刚盗掠的赃物。开始卖两元钱一匹，但不久就提高价码，从10元到20元，高低不等。这些皇家丝织品千般百种，或绸或缎，或一色，或织有花纹，白色、蓝色、黄色、紫色、石青、古铜色等等不一，都待价而沽。整个兵营俨然成了交易市场。这些强盗们都在为他们的妻子或兄弟、姐妹们抢购廉价品。一派嘈杂混乱，乌烟瘴气。

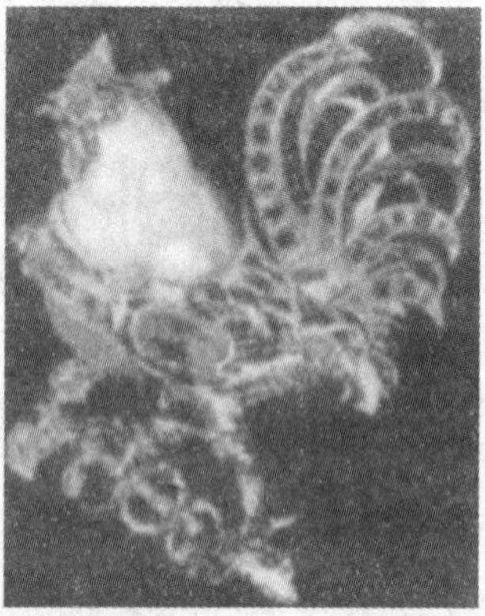

珍珠镶红宝石金鸡链坠

“我们拍卖的手续，继续两天之久。乃是一切到场的人们快乐的源泉——人们时常为着毫无价值的物品相互竞争，竟至给予极高的价值，简直高得出奇，惹人发笑。若将这件物品白送他们，很少的人愿意费神取走了。有些人喜爱抢劫，军队很感激他们出力，才得到一大部分现在售卖的物品时常在拍卖中出现。当他们决心欲得的恩物任人出价的时候，就面带愁容，凝神倾听，因为他们原已不费分文，白白取得，现在不甘心比提出的高价还出一个更高的数目。许多皮衣都售卖出去，得到很大价钱，因为天气日渐寒冷……所以一切厚暖衣服，都风靡一时，价格骤高了。”（斯文侯《1860 年北中国战争叙事》）

圆明园经过这次大劫难后，墙垣之内仍有不少残余的物品，许多英法联军的游兵散勇四处寻找，不愿错过一点值钱的东西。“在外面的一间小屋子里，找到从前马戈尔爵士呈献给道光帝的两辆马车，完整如新。清帝似乎从来没有乘坐过，还是喜欢没有弹簧的本国骡车和轿子。又有两支装好榴弹、零件配置完整的枪，也是马戈尔爵士所呈献的礼物，都在那地方找到了。在天文学和别种科学的器具里面，又找到了一支英国制造的双筒枪，装在套子里面，还有些锡罐盛着火药和一箱一箱爱莱式的子弹帽子。旁遮普军第十五队发现许多金子，分配起来，一个军官也能得着九千镑之多。”（引文出处同上）

侵略者在疯狂劫掠、破坏之后，为了销赃灭迹，为了“对清帝加以严厉的责罚，并且留些报复的痕迹”，决定将“辉煌的避暑行宫烧成平地”。英国政府首相帕麦斯顿批准了烧毁圆明园的暴行，并对此表示“衷心的高兴”。

大规模的焚烧分两次，第一次是 10 月 6 日到 9 日，主要焚烧圆明三园。士兵按军令指示“奔赴”焚烧地点。从圆明园的大门前，山边树林浓密的山壑处，遍处散布的鳞次栉比的建筑物，连绵不绝地循着山冈伸展开去。一声令下，不久就看见重重烟雾由树林中升腾起来。顷刻间，几十处地方都冒出缕缕浓烟，不久，浓烟火焰爆发出来，烟青云黑，遮天蔽日。所有宫殿、庙宇等建筑及其历代收藏都被付之一炬，灰飞烟灭。就连亲自参与焚烧犯罪的士兵也承认：“世上独一无二的建筑从此不能重睹，消灭无形，人类不能重新建造了。”

同时，另一支骑兵将园外建筑也都一齐放火烧毁。最后，驻扎在正大光明殿内的士兵接到命令：即刻整队并回北京，将该殿也一并烧毁。正大光明殿，是无可比拟的建筑杰作，描金和涂抹色彩配置得非常均匀，而且饶有风趣，木制屋顶雕镂细巧、嵌花奇特。大殿的地板为琢磨精美的大理石制成，每块均切成数目字的形式，全都很紧密地连在一起，仅有最细微的线纹表明两块石头间区分的界限。“入门左边墙壁上部，悬挂一幅巨大的画图，用等度量射影，绘画避暑行宫和环围着的宫苑。这种画法，中国人绘得颇为精巧，比起平常描绘山水远景，信手涂鸦，幼稚尝试的作品高出多多了。”殿内宝座为紫檀木所制，做工精美，位于高台之上，四面环以挖花的栏杆，雕着玫瑰等花卉，精美富丽。宝座旁立有屏风，饰以蓝翡翠和孔雀羽毛，其上复系着红宝石和碧玉。雕镂精美的桌柜，沿着屋子四周排列着，上面放置许多碧玉瓶、瓷瓶、冰纹瓷缸以及各种珍奇古玩。殿内还有几座法国大钟。“有一处地方，堆积着去年颁布的上谕，而且有许多卷册的中国经书，排列适宜，如果需用它们寻觅即时参考资料，就可以手到擒来。这些书籍，印刷均颇精美，而且许多卷册的边缘，还有清帝御笔亲批。”

得到命令的几个士兵们立刻动手放火。“屋顶在火焰中已经燃烧了一些时候，不久就要倒塌，一百码外，就可以感觉到那种炎热，扑通直响，震心骇目，屋顶倒塌下来。于是园门和那些小屋，也一个不留，一间不留，这所算作世界最宏伟美丽的宫殿的圆明园，绝不存留一点痕迹。”一位参与犯罪的军官后来回忆：“一条石砌的道路，环绕着一座高墙，我从墙隅的地方，转弯过去，就有一片浓密的烟雾，弥漫在我面前，而且威风赫赫的烈火，在烟雾的顶上，发出熊熊的火焰，简直高出树梢好几尺。店内描金的栋梁和五光十色的琉璃瓦都被这吞灭所有东西的烈火毁灭了。这些房屋都是储藏之所，其中收藏着珍奇的古玩，清代以前的景泰蓝物品，满箱满箧的书籍和各种雕刻，以及乾隆时代外国传教士仿中国式的图画。价值极其贵重的、绣着花纹的帐帷，圣坛镀金的一切物品……都付之一炬了。”

有些人目睹这番情形，竟仿佛良心发现：“虽然对于殿内供奉的神祇没有什么同情的心愿，但是当你看见几百年以前所构造的几座建筑，一旦都用火焚烧，不禁感觉着仿佛有点亵渎神明，摧毁造物似的。这些建筑点缀其间，可以给天然的风景增色，引起我们的爱怜和惋惜。”

第二次大焚烧是10月18日、19日。这次除焚烧圆明园外，主要焚烧了香山、玉泉山和万寿山等处的殿阁建筑。英法侵略者的暴行不仅受到中国人民的愤怒声讨，而且也为世界上的一切正直人士所不齿。1861年，法国伟大的文学家雨果在致友人的信中写道：“我们教堂的所有财富加起来也无法和这一东方巨大的且又漂亮的博物馆相比较。在那里不仅藏有艺术珍品，而且还有极为丰富的金银制品。真是战功赫赫，且又横发了一票！一个胜利者把腰包塞满，另一个赶紧效法把箱子全部装得饱鼓鼓。两个人手挽着手，心满意足地回到了欧洲。这就是两个强盗的历史。我们欧洲人总是把自己看作是这样对待野蛮的。在历史的审判台前，一个强盗将叫作法国，另一个则叫作英国。”雨果的话，代表了全世界正直的人们对英法侵略者的公正审判。

“圆明两度昆明劫，鹤化千年未忍归。一曲悲笳吹不尽，残飞犹共晚烟飞。”李大钊的这几行诗句，诉说出多少感慨和喟叹。直到圆明园回到人民的怀抱，才收拾残垣断柱，颓基败瓦，建成了圆明园遗址公园，摊开一本苍凉悲壮的历史巨卷，供人凭吊，催人深思。

自1860年圆明园被劫掠、焚毁后，圆明园旧有的陈设、收藏和稀世珍宝现存国内的已不多，大量的旷世瑰宝流落国外。其中最集中的流散地就是英国大英博物馆和法国枫丹白露宫，其他如美国、日本、西欧各国博物馆和个人也都藏有圆明园的珍贵文物。这些文物包括有先秦时期的青铜器，历代的陶瓷器，古代名人的书画，清朝皇帝的玉玺，以及玉如意、时钟、金塔、金钟、玉磬等宫廷陈设品，还有清代的瓷器、漆器、玉器、牙雕珐琅、景泰蓝、珊瑚、玛瑙、水晶、宝石、朝珠、木雕等精美艺术品。此外，还有从外国进贡的贡品和无数的金银珠宝。

大英博物馆坐落在伦敦城西北，始建于18世纪中期，于1759年正式开放，其中东方艺术馆除收藏少量的中亚、南亚和日本的文物外，大部分是中国历代的稀世珍品，可以说应有尽有，数量多达两万件！

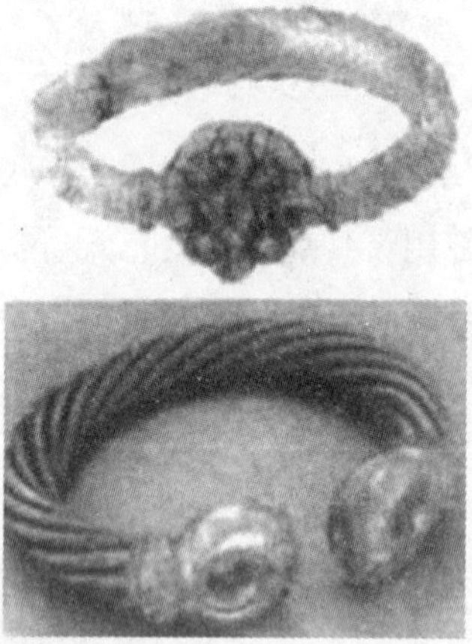

用纯金细线制成的镂空手镯

当过光绪皇帝英文教师的张德彝（1847~1918年），曾任清朝驻不列颠、意大利、比利时等国公使。他于1866年作为中国第一位赴欧旅游团成员出国游历，回国后写了日记体游记《航海述奇》，书中记述说，在同治五年（1866年）四月初四，出国游历英国的伦敦。有一天早晨，一位姓窦的朋友来拜会他，约他出去游玩。他们坐车走了10多里路，来到一个地方，室内非常宽阔洁净，看见货架“上下罗列者，皆中国圆明园失去之物，置此赁卖”。仔细一看，发现有“龙袍、貂褂、朝珠、太后朝珠、珠翠、玉石、古玩、诸般画轴、神像、金鸡、中天马、银鼠等，皆御用之物”。

我国东晋时期大画家顾恺之绘制的《女史箴图》，乃我国古代卷轴画的稀世珍品，1860年被英法联军抢去后藏在伦敦大英博物馆。还有一个长3尺、高2尺的白玉马，1860年被联军掠去，也收藏在大英博物馆。

现收藏在英国伦敦另一座博物馆——维多利亚博物馆内的圆明园的艺

术品主要有玻璃画《皇帝在万寿山下接见蛮人》，画中的皇帝很可能是嘉庆皇帝。玻璃画的绘画艺术大约是在18世纪中叶由欧洲引进的，这种绘画技巧于颜色的运用与中国传统的艺术形式虽然完全不同，但在运用西方透视画法的同时，并没有放弃中国美学的精妙、细微。

流散在法国各博物馆的圆明园文物数量也十分多，且极其精美。清末外交官薛福成在其《出使英法意比四国日记》中记述说："光绪十六年(1890年)，闰月二月三十日，饭后去参观巴黎东方博物院。"他发现在中国展室中"有圆明园玉印二方。一曰'保合太和'，青玉方印，稍大。一曰'圆明园印'，白玉方印，稍小"。

光绪三十年（1904年），改良派领袖康有为游历欧洲11国，写下著名的《意大利游记》和《法兰西游记》。在其巴黎之旅中，他详细记下了博物馆中收藏的圆明园被掠文物的情况。"观内府玉印晶印无数，其属于臣下者不可胜录"，字里行间流露出国破家亡、无限悲恸的情绪，"呜呼！高庙雄才大略，每日必作四千言。想下此印时，鞭笞一世，君权之尊，专制之成，于是为极，并世无同尊者……岂意不及百年，此玺流落于此。昔在北京睹御书无数，皆盖此印文，而未得见，又岂意今日摩挲之！""乾那花利博物院，此院一千八百七十九年开，亦伤心地也，院为圆式。内府珍器，陈列满数架，凡百余品，皆人间未见之瑰宝，精光射溢刻籀精工。有碧晶整块，大五六寸。一白玉大瓶，高尺许。一白玉山，亦高尺许，所刻峰峦阁楼人物精甚。其五色玉盘、玉池、玉屏、玉磬、玉罗汉、玉香橼，精绝，亦多有刻字者。玉瓶凡十一，大小不一，皆华妙。有玉刻绮春园记十简，面底皆刻龙，精绝。一白玉羊大三寸许，尤华妙。如意亦百数，以红玉镶碧玉及白玉者佳；有一纯白玉者，至清华矣。其他水晶如意、磁如意，亦极清妙。其铜铁如意尤多，不可数。其刻漆、堆蓝、雕金之屏盘杯盂百器甚多，皆非常之宝也。"

"其御制瓷有字者甚多。有御书'印心石屋'墨宝六幅，金纸《印心石屋图》三幅，亦刻龙，斋戒龙牌一。封妃嫔宝牒一。其他晶石漆瓶盘、人物无数。皆中国积年积世之精华，一旦流出，可痛甚哉！”

法国枫丹白露宫最早建于法国国王路易六世时期（1137 年左右）。1528 年后，经过几代帝王的修建，日益富丽豪华。现存的建筑有 13 世纪圣·路易时期的一座封建城堡主塔、6 个朝代国王修建的王府，5 个不等形院落，4 座代表 4 个时期的花园。在这“蓝色之泉”（枫丹白露本意）周围有 2500 公顷的森林，自古这里就是狩猎、避暑的胜地。枫丹白露宫中的中国馆是欧也妮皇后建立的。兴建的原因是 1860 年英法联军劫毁圆明园后，侵华法军司令孟托邦将军队从圆明园抢劫来的所谓战利品敬献给法皇拿破仑三世和欧也妮皇后，欧也妮皇后将送给她的圆明园文物汇集在一起，在枫丹白露的皮埃尔大厦旧址底层建造了中国博物馆，将这些文物存放起来。

中国馆是按个人收藏及鉴赏习惯布置的，有客厅、展室、桌椅、沙发。从 1863 年装修布置之后，一直展出至 1975 年。1984 年开始必要的修缮工作，1991 年完工重新开放。这次修缮基本保持原有的风貌，因为有 1865 年造册的中国博物馆清单，所以此次重新布设没有遇到大的困难。从第二帝国时期就一直挂在天花板上的三幅巨型“缂丝”制品，这次得到修补，有些物品得到重新粘贴。

三幅巨大的乾隆年间“缂丝”制品占据了整个天花板空间。三幅图案看似相同，但有细微差异，同为藏传佛教内容，即三世佛和他们的弟子十八罗汉及四大金刚。就其内容上看，这三幅巨作应是圆明园某个或某几个较大的佛堂或寺庙中之物。

在该馆最显著的位置摆放着一座巨大佛塔，高约 2 米，与故宫内现存的佛塔基本相似。这座塔为青铜鎏金，通体各层镶嵌有绿宝石，这在乾隆年间各种佛塔中都是少见的。塔顶部为日、月和三宝，这代表着佛教中最理想的天界，日、月镶嵌巨大的绿宝石。中间的半圆体有一佛龛，佛龛中为释迦牟尼像，形态自然，铸造艺术精湛。下部四方体有雄狮托起整个塔体。这是藏传佛教佛塔的典型样式。

在金塔的左右放置一对青铜雕龙，与故宫、避暑山庄等处皇帝宝座前放置的青铜龙一样形制，说明这对物品应是圆明园正大光明殿皇帝宝座前的摆放之物。

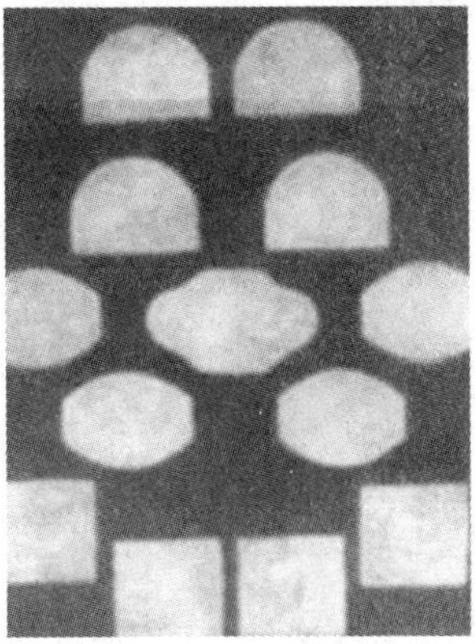

雕花精细的黄金腰带饰片

金塔前有一对鎏金编钟和一只景泰蓝麒麟。这两枚金编钟是圆明园仅有的一套 16 枚金编钟中的两枚。可惜其他 14 枚不知散失何处。

这只景泰蓝麒麟躯体浑圆，头部栩栩如生，长长的双耳，短短的四肢，形态可爱，受到当时欧也妮皇后的青睐。在她原来的社伊勒里皇宫房室中就摆放过这只麒麟。在该馆天花板上挂着一只巨大的景泰蓝吊灯，下方是一只巨大的兽足兽纽景泰蓝方盒。据分析这应是九州清晏殿内放置冰块和水果用的器物。在该馆内橱柜间置放着巨大的景泰蓝五供，现存国内这样大的景泰蓝已很少，应是乾隆年间的艺术珍品。五供中间是香炉，两边对称摆放着烛台和花瓶。这五供都有环形图案，颜色有玉蓝、黄绿、翠绿、玛瑙红和明黄色等。

该馆内有几只花梨木玻璃柜橱和角柜，里面摆放着从圆明园抢来的各种青铜、玉器等珍贵艺术珍品。摆放位置没有分类，杂乱无章。只是根据空间大小按器物体量来摆放。这些艺术品可分为青铜器、玉器、瓷器、漆器、金银制品、景泰蓝、珠宝等几大类。

青铜器中有一只仿周制熏香炉和一只青铜鼎。这只青铜鼎铸造精密，样子坚稳，并配有朴素的装饰。鼎体浑圆且深，向上收口，两侧对称设耳，鼎体上部有扁平浮雕。

玉器当中有玉壶、玉碗、玉鼎、玉洗、玉塑、玉插屏等，这些玉器选料精、做工细，堪称玉器中的精品。有些玉插屏上刻有金饰皇帝御制诗。有的玉洗、玉盒等还带有景点的名称，如汇芳书院、耕云堂等。有一只玉洗玉料本身就很难得，加上精湛的刻工，应是玉器中的上上品。这只玉洗为琥珀色，带有花纹，呈椭圆形。四个半裸男孩正想爬上玉洗的边沿，他们的头圆圆的，又光又亮，小小的眼睛透过眼皮露出狡黠的目光。胖乎乎的身体呈现着勃勃生机。这只玉洗与故宫博物院藏品中一只儿戏笔架似乎是一套文房用品中的两件，应是摆放在圆明园中某个皇帝较大的书房中的物品，如勤政亲贤或含经堂等。

瓷器类是该馆藏品中最多的一类，有碗、罐、壶、瓶、盘、瓷塑等。有一只茶釉龙耳罐，造型优美，釉色纯正，可称是同类瓷器的珍品。有只青花大碗，线条柔和，碗体厚实，声音洪亮。环形底部未加装饰，图案有明有暗，青花有许多小的氢化点，略有外浸与釉色混为一体。内壁为枝干图案，外壁为叶饰，枝丫上花果相同，每个枝丫各不相同各成一束。叶饰更为精妙，以不断的流水纹包起整个外壁。外壁主体绘有六朵荷花，还有花苞和荷叶作为陪衬。这只青花碗如果是成化年间的作品，其艺术价值就更高了，只是没见到实物无法分析确定。

瓷器中还有两只康熙年间的五彩大盘，摆放在该馆的桌子上。两只五彩盘尺寸较大，上面的图案取材于水浒或三国故事，人物、战马、景物等都非常生动，图案布局也相当别致，这两只盘应是康熙年间的精品。

瓷器中大部分为康熙五彩和乾隆粉彩，其中一只乾隆粉彩镂空熏炉格外引人注目。另一只千花壶更是罕有，一只壶体上绘有各种花卉图案，变化无穷，且排列错落有致。梅花、菊花、荷花、牡丹等绘满壶体。另外该馆内还有许多瓷塑，有八仙人物等。

漆器品虽不多，但不乏精品。其中一只红漆盒，雕刻得相当精细。图案为百子图，百子动作、神态不一，建筑、花木、石头等线条柔和，形象生动。整体布局协调有致，相互呼应，在极小的空间内讲述许多故事。

金银制品中最引人注目的有一对金罐和一只金盒。一对金罐通体如意花纹闪闪发光，其中一只罐耳已掉。这对金罐说明当时圆明园内的摆设是多么奢华。另有资料表明这对金罐不是军队送给拿破仑三世或皇后的，而是欧也妮皇后到别的博物馆看到后要来的，一份文件中揭露道："有几样来自夏宫（圆明园），但不是中国远征军司令将军搜集的物品被国王取走，其中主要有两个大金罐，制作精湛，价值25 000法郎。"

小件景泰蓝制品比较多，有盆、瓶、罐等，其中一对景泰蓝上的图案据分析是郎世宁所绘的仕女图。

1973年5月，我国著名文物鉴定专家史树青随中国出土文物展览代表团赴法国。5月12日，他来到巴黎东南70千米处的枫丹白露古堡参观，据他描述说：中国馆门前有两个石狮，馆中收藏文物1000余件，展出320件，全部都是当年从圆明园抢劫去的。他看见中国馆室内金漆桌案及多宝格内，陈设有商周青铜器，明清官窑瓷器。其中重要瓷器有宣德青花大碗，康熙、雍正、乾隆三朝的五彩和粉彩瓶、罐、花盆等，明景泰蓝熏炉（宫熏）、尊、斛、吊灯。还有各种玉雕、如意、盔甲和丝绸等物以及大象牙、成对大犀角，十分引人注目。此外还有乾隆《御制八征耄念之宝记》璧玉册，上所雕刻的文字为征瑞书写；乾隆缂丝无量寿佛大立轴，自墙面悬起，折至屋顶。乾隆年间制造的大金塔、小金塔、金曼达，上面都镶有绿松石。有一金塔高约5尺，与现在的北京故宫博物院珍宝馆陈列的金塔完全一样。另外还有翡翠、玛瑙、珊瑚、水晶、文竹、黄杨木、象牙器、雕漆等工艺品。特别令人注目的还有宫廷肩舆一抬。据说这个肩舆被抢劫到法国后，拿破仑三世的皇后曾乘坐过。（但该博物馆馆长称此肩舆为泰国皇帝所献）

收藏于法国巴黎国内图书馆内的圆明园的主要艺术品有：由中国宫廷画师沈源和唐岱共同绘制的绢本《圆明园四十景图》，宫廷画师沈源和孙祜刻版的木刻本《圆明园四十景图》，伊兰泰制作的海晏堂等西洋楼铜版画20幅，《圆明园菊花迷宫图》，郎世宁绘制的宣扬乾隆皇帝武功的《格登鄂拉斫营》。

收藏于法国巴黎吉美博物馆内的圆明园主要艺术品有郎世宁绘制的《乾隆肖像》和乾隆百花瓷瓶。《乾隆肖像》是乾隆皇帝41岁时的坐像，身边站立两位大臣。这幅画是郎世宁用中国毛笔绘制的，是中国与欧洲绘画技艺相互结合的作品。画家在脸部只用极轻的阴影，却抓住了乾隆的神韵，乾隆身边的大臣也极具威仪。乾隆百花瓷瓶造型精美，画法上乘，为陀螺状，瓶上的花卉图案种类各异，可谓绚丽多彩、万紫千红，在绘画花瓶时大量使用珐琅彩中的粉红色和洋彩，使各种色彩相互融合，既接近油画，又接近水彩画，非常美观，是乾隆时代的艺术珍品。

收藏于克里夫兰艺术博物馆内的圆明园艺术品主要有郎世宁绘制的《乾隆帝后和十一位妃子肖像》，画中的青年时代乾隆皇帝英姿飒爽，栩栩如生，这幅画乾隆只见过3次，即刚绘制成的时候、70岁的时候和退位之际。

法国巴黎私人收藏的圆明园文物也有不少。1860年英法联军劫毁圆明园后，法国侵略者将一部分圆明园珍贵文物献给皇室，后被各博物馆收藏，但大部分圆明园珍贵文物被个人收藏。

美国很多博物馆也收藏有众多的圆明园文物。梁启超于光绪十九年（1893年）五月前往美国纽约博物馆参观，惊讶地发现这里贮藏的“中国宫内器物最多”。他认为其中大约有一半是圆明园的珍品，而另一半是美国参加八国联军侵华时，从北京皇宫中掠来的。这些艺术珍品中有咸丰皇帝所用的怀表，据说是俄罗斯皇室赠送的，“其雕镂之精巧，殆无伦比。表大不过径寸，其外壳两裸体美人倚于瀑布之上，两鸟浴于瀑布之下，表机动则瀑布飞沫，诚奇工也”。除此之外，还有“雕玉物品，雕金物品、瓷器几数百事，并庋一龛，不遑枚举”。

收藏在美国纽约大都会艺术博物馆内的圆明园主要艺术品有康熙玉如

意。这是由一块名贵的白玉雕刻而成的，白中透绿，雕刻成多孔真菌形状。手柄顶部铭文有“御制”大字。下部的铭文是：“敬愿屡丰年，天下咸如意。臣吴敬恭进。”从展品目录中说明：这件精美的玉如意是被英法联军抢来以后，在巴黎拍卖会上买来的。

收藏在明尼阿波利斯澳克艺术中心的圆明园主要艺术品有巨型的乾隆大玉山一座。这是一块含有绿色和白色的玉石，能放射清冷的灰绿色光泽，被雕刻成一座高峰深谷的玉山。山岩下露出亭台和住宅，小路和下面的山脊上有几组浮雕人物，房前有一个百合花环绕的池塘。在山上一座峭壁的宽阔平滑的表面上，刻有乾隆皇帝御笔临摹王羲之的《兰亭序》，涂以红色。此件作品完成于乾隆四十九年（1784 年）。这座精美的玉雕艺术品是世界上现存最大的一个。

驰名中外的艺术典范圆明园焚毁在英法侵略者手中，不计其数的珍贵文物精品从此流落到世界各地，成为中国人心中永远的伤痛。圆明园的文物被劫掠后的百余年来，中国人民一直非常关注着国宝的下落，企盼它们终有一天能够重回祖国的怀抱。虽然多年的辛苦追寻成果甚微，圆明园的文物大多“秘不示人”，但总有一点“蛛丝马迹”出现，时常点起国人希望的火种。

2000 年 4 月，香港传来消息，香港嘉士德和苏富比两拍卖行分别将于 4 月 30 日和 5 月 2 日拍卖 1860 年被英法联军掠走的四件圆明园珍贵文物。消息一出，在社会各界引起轩然大波，人们都在密切关注国宝又将流向何方。国家文物局获悉后，立刻正式致函有关方面，要求拍卖行立即停止拍卖圆明园文物，严正指出：这四件国宝是“战争期间被掠夺的文物”。根据现代国际法的原则：任何因战争原因而被掠夺或丢失的文物都应归还，没有任何时间限制。1996 年中国政府签署了《国际统一司法协会关于文物退还的公约》，郑重声明中国保留对历史上被非法掠夺文物追索的权利。这乃国家和民族权益之所在。然而，两家拍卖行置中国政府严正声明于不顾，依然照常按期进行拍卖活动。国人被激怒了，人们纷纷要求尊重中国人民的民族感情，抗议拍卖战争赃物。香港市民反应最为强烈，舆论普遍认为，这些文物见证了中国屈辱的历史，拍卖行的行为损害了中国人民的尊严，他们对拍卖行执意拍卖国宝表示愤慨，举行抗议活动，并要求特区政府做出果断决定，通过司法程序收回有关文物。法律界人士指出：按照有关国际法原则，只要在拍卖前能出示合理凭证，证明文物属中国财产，是可以阻止拍卖的。

4 月 30 日，在多方努力均无效的情况下，拍卖会如期举行，海内外都拭目以待拍卖会的结果。下午，猴首铜像和牛首铜像出现在众人面前。猴首开价 200 万港元，拍卖场内竞争气氛热烈，现场一位留着平头的男士格外引人注目，他似乎对台面上的物品极为热心，志在必得，不断与其他买家竞价，每次都加价 20 万或 30 万港元，豪气吸引全场。后来人们才知道，他是来自中国北京代表保利集团的易苏昊。由于叫价声此起彼落，以双语报价的拍卖官几乎忙不过来。价码超过 400 万港元后，其他买家纷纷败退下来，只剩易苏昊和一名身穿灰色套装的女子相持不下。该女子由一位神秘买家通过电话遥控出价，双方你来我往，互不相让。直到第 25 次出价时，易苏昊叫价 740 万港元（包括佣金约 818 万港元），对手才知难而退，不再叫价。在短短两分钟的时间里，这件猴首价钱竟涨了三倍多。

稍后，牛首铜像也以 200 万元起价，但这回战况改变，其他买家大多在旁观战，由易苏昊与透过电话出价的“神秘客”单打独斗，双方出价都又急又快，一分钟内叫价 21 次，最后再度由保利集团以 700 万元得手。会后，易苏昊表示，参与竞投主要是因为这两件东西关乎中国人民的情感，使中国人想起了伤心往事，竞投国宝也是不希望国宝外流。5 月 2 日，继嘉士德拍卖行无视中国政府和人民的警告和抗议拍卖两件国宝后，苏富比拍卖行又拍卖了另两件圆明园文物：铜虎首和乾隆描粉彩镂雕六方套瓶。结果同样又都被北京的买家投得。由于前次竞投，各界目睹了中国人势在必得的情绪，因此这随后的拍卖引起了世界的关注。保利集团此时已充分预料到下面的拍卖价一定会抬得很高，但仍做出不惜一切代价收回国宝的决定，中间退出已不在考虑之内，“这已不是钱的问题，而关系到中华民族的尊严”。

纳粹黄金之谜

二次世界大战后，留下许多关于德国和日本的黄金之谜的传说。“纳粹黄金”是法西斯头目希特勒统治德国期间掠夺的黄金，其数额之大难以估计。史学家们调查发现，这些黄金主要有三个来源：一是从被占领国的中央银行中抢来的，二是从“死囚”身上搜刮的，三是侵吞犹太人的。在1933年到1945年之间，纳粹德国窃走了相当于今天85亿美元的犹太受害者的黄金，而后将之存入瑞士银行。最初的传言是纳粹将这笔黄金作为重建第三帝国的基金，并且纳粹已经在南美建立秘密基地。

时隔半个世纪，1996年9月，英美两国政府有关部门突然向世人公开了两份历史文件，美国公开的文件是1946年美国驻法国巴黎大使馆的经济参赞麦钦德写给美国国务卿的一封信。信中说，美军1945年4月在德国某地的盐矿曾发现了纳粹德国藏匿的8307根金条、各种金银器物、现金及数百幅欧洲早期的名画。从而证实了“纳粹黄金”的存在并非空穴来风。

与此同时，英国外交部也公开了一份备忘录，指出：第二次世界大战期间，瑞士银行曾保存过价值约60多亿美元的纳粹财产。二战结束后，在同盟国的压力下，瑞士银行才承认保存了价值8800万美元属于比利时的黄金。经过协调，同意交出6000万美元，相当于今天币值7亿美元的黄金，估计只占存放在瑞士的“纳粹黄金”总数的20%。

在国际舆论的压力下，瑞士政府决定，配合即将就此案成立的调查委员会，对瑞士国家银行在二战期间的所作所为进行调查。

瑞士银行久负盛名，号称世界保险箱。二战期间，瑞士银行不但以匿名账户的方式大量吸纳犹太人的存款，更利用其中立国的身份与纳粹德国进行过无数暗中交易——这就是20世纪90年代爆出的“纳粹黄金案”丑闻。

瑞士政府曾在1934年制定了西方第一部银行法——《银行保密法》。所谓银行保密，是指所有在银行工作的人员，无论高级职员还是普通雇员，都不得泄露任何与业务有关的资料。保密法规定，瑞士银行允许客户以代码或者代号存款，银行里办理这项业务的只限于两三个高级职员。如果有谁违反了保密法的规定，将被罚款5万瑞士法郎或坐牢6年。

《银行保密法》使存在瑞士银行里的财富像进了保险箱般可靠。但是另一个问题随即产生：如果储户在瑞士银行以匿名方式存入一笔巨款，后来突然去世，生前既没有交给银行一份遗嘱，临终时也没有机会把存款密码告诉家里人，那他的这笔存款就将永远待在瑞士银行里取不出来了。

二战爆发前，许多犹太人在瑞士银行都有大笔存款，后来这些人大多在德国的集中营里惨遭杀害，其存款账号和密码也随着他们一道化为灰烬。至于这些储户的后代们，通常既不知道银行的名称，也不知道账号。有些人仅仅知道他们的父亲有财产并且常到瑞士去。

1989年，世界犹太人大会主席埃杰·布朗夫曼亲自到伯尔尼同瑞士银行协会交涉，此后瑞士银行协会确立了一套程序，通过在苏黎世的一个中介机构查找银行里的无主财产，并要求其成员银行提供财产清单。这次查找的结果令人惊讶，一共发现了775个无人认领的账户，存款总计3200万美元。然而，世界犹太人大会事先做出的估计，却是几十亿美元。

当这段丑闻被揭露出来后，犹太人组织坚持要一次性赔偿10亿美元。但瑞士政府和银行只提议建立两项基金，一项是1500万瑞士法郎的大屠杀纪念基金，一项是70亿法郎的团结基金。这两项基金运作后所得利润全部用于补偿种族灭绝的受害者。

二战期间，纳粹为自己疯狂掠夺财富。据1945年英国当局的一份报告估计，纳粹战利品的总额大约在5.45亿到5.5亿美元之间，差不多相当于今天的46亿美元。但这个数字只包括纳粹从被占领国家中央银行的保险库里盗取的黄金，而被纳粹掠夺的个人财产的确切数字则永远是个谜。

为了掩人耳目，纳粹把掠夺来的大部分黄金重新浇铸成每块近400盎司（约合12公斤）的金锭，一部分藏在德国各地和帝国银行，另一部分藏在其他一些中立国的银行。而瑞士银行正是大笔纳粹黄金的理想保险箱。

瑞士银行通过隐匿这些来路不明的“纳粹黄金”，在战后着实发了一笔横财。

在瑞士银行的“帮助”下，希特勒得到了宝贵的外汇，从而在世界市场上购买维持战争的重要物资，比如制造穿甲弹不可缺少的金属铬、提高坦克装甲强度的金属钨。1943年，纳粹经济部长冯克强调说：“如果失去瑞士这个外汇渠道，德国没办法把战争支撑到两个月以上。”而帝国银行副行长索性露骨地说：“瑞士允许自由的外汇交易具有重要的政治意义，这是我们至今仍让它保持独立的一个基本原则。”

除去对公交易外，瑞士银行还负责帮助纳粹高官保存私人财产。二战末期，纳粹头目们看出帝国覆亡在即，纷纷把搜刮来的不义之财转移到瑞士银行的保险库里，妄图在战后依赖瑞士《银行保密法》的保护逃脱盟国的追缴。战后人们偶然发现，希特勒的空军元帅戈林、经济部长冯克、外交部长里宾特洛甫，都在瑞士银行开有匿名账户。

“纳粹黄金案”丑闻被全面揭破后，瑞士银行的声誉受到极大影响：瑞士经过长期努力才在世界上建立起来的公正、人道的形象，已被完全玷污。瑞士银行资产管理业务出现萎缩，许多客户纷纷抽走资金，一些大的退休资金和公共基金不再委托瑞士银行操作。瑞士在与另一个国际金融中心——美国纽约的竞争中，从信誉和声誉两方面被打垮。

半个世纪来，位于奥地利境内阿尔卑斯高山峻岭环抱中的托普利兹深水湖成为令世界各国寻宝探险家魂牵梦萦之地，围绕着这个深水湖，一直流传着纳粹在湖底沉有大量金银财宝的神秘传说。

这是一个神秘的沉宝传说：1945 年 4 月，全副武装的纳粹德国党卫军把一箱又一箱的神秘东西沉入托普利兹湖底。从那以后，托普利兹湖底沉着纳粹宝藏和秘密的传闻不胫而走，并且吸引了一批又一批的寻宝探险家前去冒险。

在半个多世纪里，人们在托普利兹湖里发现过以下的财产：50 箱黄金、一本珍贵的集邮册、50 公斤金首饰、5 枚珍贵的钻戒、22 箱珠宝、20 箱金币和 3 箱沙皇时代的金条。

正因为有了这些真实的故事，加上神秘的历史传说，世界各地的寻宝探险家们才不惜冒着生命危险一次又一次地潜入托普利兹深水湖中，许多人甚至因此丢了性命。

除此之外，最轰动的还有上个世纪五六十年代托普利兹湖发现大量假英镑一事。这些足以以假乱真的假英镑是纳粹元首希特勒亲自策划的“伯纳德行动”的产物。

二次世界大战后期，在战场上日益吃紧的希特勒突然萌生一个念头：制造假钞票，扰乱盟国的金融秩序，最后导致盟国经济全面崩溃。英镑成为希特勒造假钱的首选目标。“伯纳德行动”令下达后，党卫军从纳粹犹太死亡集中营里搜罗了顶尖级的造币专家，开始制造假英镑。

这些假钱达到了足以乱真的程度。然而“伯纳德行动”还来不及实施，第三帝国的末日就来临了，慌乱逃命的纳粹党卫军来不及彻底销毁证据，只能把成箱成箱的假英镑丢进托普利兹湖里，直到后来被寻宝探险家发现为止。

但是，要想揭开托普利兹深水湖的历史秘密绝非易事，因为托普利兹湖周围恶劣的自然环境和复杂的湖况都大大限制了探秘行动的开展。

尽管托普利兹深水湖距离奥地利重镇萨尔茨堡只有120多千米，但直到今天仍只能靠步行穿越一条崎岖的山路才能抵达湖边。在这条山路的尽头，奥地利人如今修建了一座名叫“费兹哈特”的小旅馆，专门招待为数不多的猎奇游客。所以，要想把大型的探测机械运到湖边的话，不费九牛二虎之力是不行的。

而且托普利兹湖一年中有6个月处于冰冻状态，适合探宝的时间很短。其次是托普利兹湖宽为250米，长1.8千米，水深达103米，三面悬崖绝壁，另一面等于没有湖岸，直接就是上百米深的湖水，所以寻宝探秘活动只能在船上进行。

更奇怪的是，托普利兹深水湖面20米以下居然没有氧气，这意味着托普利兹湖在这个深度以下没有任何的生命，同时还意味着沉入湖里的一切都能完好无损地保留着原样，其中包括许多倒进湖里的大树，这就加大了湖底搜索工作的难度。

2000年6月上旬，在奥地利托普利兹湖打捞纳粹赃物和文件的行动轰轰烈烈、充满希望地开始了，历时一个多月，最后在劳而无获的情况下又草草收场。随之，喧嚣一时的纳粹沉宝传说再度沉寂。

这次打捞的目标是传说中德国纳粹分子在二战结束前沉入这座湖泊的机密文件和宝藏。打捞行动由美国一家专业打捞公司进行。这家公司参加过世人瞩目的“泰坦尼克”号沉船寻找工作，以及搜寻遇难的“挑战者”号航天器的残骸、在海上坠机的小肯尼迪和瑞士111航班残骸的行动。潜水专家们运用遥控浮筒、水下摄像机、声呐定位仪、机械手臂等高精尖装备，在一百多米深的漆黑湖底忙了一个月，只打捞出一些英镑假钞和一个装了啤酒瓶盖的木箱。那个木箱是1984年几个当地人为取乐扔下去的。

纳粹藏宝的说法是从二战末期开始流传的。

1945年3月28日，盟军通过雷马根大桥越过莱茵河已3个星期，苏联红军亦逼近柏林。盟军总司令艾森豪威尔非常突然地通知斯大林，美军将更改进攻战略，原计划由东向易北河推进，现在要调头向南，以期截住德军南撤的后路，不惜一切代价阻止纳粹顽固分子在阿尔卑斯山脉聚集力量、负隅顽抗。

事实上，德军中确实有人做过撤退到阿尔卑斯山顽抗的计划，只是没人敢“冒大不韪”向希特勒提交这个计划。1945年4月24日，希特勒自己下令撤退，要在南巴伐利亚和蒂罗尔之间350千米长、75千米宽的地带建立最后防线进行顽抗。

虽然这条最后的防线在军事上没有成为现实，但直到战争结束前几周，前期准备工作仍在加紧进行。一些军工企业也迁进了隧道和山洞，为研制诸如导弹、喷气式飞机、直升机等“神奇武器”，专门成立了秘密研究机构。根据“伯纳德行动”指令，负责印制英镑假钞的机器、纸张和人员被安置在托普利兹湖附近的一家啤酒厂里。

托普利兹湖周围很快成为纳粹头目纠集的地方。1945年5月，这一地区的人口由1.8万人猛增至8万人。党卫军的将领都想趁战乱为自己留条后路。他们利用山区道路崎岖、人烟稀少的特点，将抢来的不义之财隐藏起来。这就是关于纳粹藏宝传说的起源。事实上，根据各种证词和证据，在托普利兹湖附近地区，确实应藏有纳粹在全欧洲掠夺的艺术珍宝。党卫军头目艾西曼隐入深山时，随之藏匿的有22箱价值800万美元的珍宝。据纳粹内部账簿记录，在他名下有5箱宝石、50公斤金条、50箱各重50公斤的金币、200万美元等。以上这些财宝至今下落不明。

1943 年，纳粹曾在托普利兹湖畔建立了一个海军研究站，在这里试验纳粹德国最绝密的新式武器。战争即将结束时党卫军把实验用的武器、弹药、实验文件沉入湖里。1946 年，美军情报部门最先潜入托普利兹湖开展打捞活动。此次行动以失败告终，一名美军士兵丧命。

1959 年，德国《明星》杂志组织了一个专家小组潜入托普利兹湖进行调查，捞出数十箱英镑假钞。

1963 年，又有 3 名潜水爱好者在托普利兹湖中碰运气，其中一人不幸遇难。此后，奥地利政府下达禁令，严禁私自到湖中寻宝探险。接着，奥地利政府对该湖组织了一次探测和打捞工作。这次行动是迄今为止规模最大的打捞行动，也是奥地利政府唯一一次参与的行动。300 余名宪兵封锁了托普利兹湖，展开全面搜寻。他们发现了 18 箱英镑假钞、火箭推进器、火箭控制部件、实验设备和武器弹药。这次代号为“伪装帷幕”的奥地利政府寻宝行动于 1983 年 12 月方告结束。

1983 年至 1987 年期间，德国生物学家汉斯·弗里克利用一个小潜水艇潜入湖底，在湖里发现了一种能在缺氧环境下存活的蠕虫和细菌，同时还发现了数箱第三帝国制造的伪钞、弹药、武器、炸弹和一架被炸毁的飞机残骸。

1987 年，有人在湖边发现了一个秘密仓库，不过里面空空如也。

数十年里打捞行动不断，但传说中的纳粹宝藏仍不见踪影，这就使得寻宝者们一直抱有希望。

好奇的人不禁要问：纳粹藏宝一说到底是真是假？

作为唯一活着的见证人，现年 75 岁的魏森巴赫说，她当年是亲眼看着纳粹分子沉箱托普利兹湖的。

1945 年 4 月的一个清晨，居住在托普利兹湖附近的魏森巴赫被两个党卫军从睡梦中叫醒，一个军官喝令她立即套好马车赶到托普利兹湖边。当她将马车赶到场院时，发现已有两个农民等在那里。

那些党卫军从一个卡车上卸下许多木箱，装到农民的马车上。在赶往托普利兹湖的3千米长的崎岖山路上，魏森巴赫好奇地问："箱子里装的是什么？为什么要扔到湖里去？"得到的回答是："这是军事秘密。"当时共有约60个木箱被沉到湖底。

魏森巴赫的说法是否可信？纳粹掠夺的珍宝是否真的沉在了托普利兹湖？如果不是，从湖里打捞上来的珍宝是从哪儿来的？如果是，藏宝到底有多少？藏宝是不是后来被人捞走过？捞走珍宝的人又会是谁？

因为这个真实的故事，加上纳粹掠夺的珍宝至今没被发现，托普利兹湖就成了寻宝者的冒险胜地。由于人的潜水极限为30~40米，但是托普利兹湖水深达百米以上，迄今为止有案可查的就有7名潜水寻宝者因挑战极限而送命。最新的一次打捞行动也没有成功，只是为托普利兹湖增添了新的神秘色彩。纳粹藏宝的传说还会引来新的探险活动。只要这个高山小湖不干涸，它就将以自己的"秘密"吸引更多的人前来寻宝。

特洛伊宝藏之谜

19世纪中叶，德国人海因利希·施利曼放弃优越的生活，历经千辛万苦之后终于找到了位于安纳托利亚西北角、濒临达达尼尔海峡入海口的希萨尔利克山的特洛伊古城。

在这片古文明遗址中，海因利希·施利曼发掘出一个装满了奇珍异宝的赤铜容器，里面有金戒指、金发夹、金制酒杯、花瓶等近万件珍宝。

其中一件玲珑奇巧的纯金头饰最令人叫绝，它是用金箔将1.6万件小金板缀连而成，可谓巧夺天工。他的重大发现在全世界掀起了轩然大波，在学术界也引起了很大的争论。

读过《荷马史诗》的人一定会为故事中映射出来的远古希腊文明的光

芒所深深打动，而始终环绕故事中心的特洛伊古城也必定给你留下了深刻的印象，然而特洛伊城在经历了10年的特洛伊之战后最终毁灭。人们在回味希腊部落史诗般的事迹的同时，也不能不为特洛伊感到惋惜。《荷马史诗》作为一部文学史上的不朽之作，对欧洲文明产生的影响非常巨大，而它作为一部史诗也一直深深地吸引着人们去探寻它的真实性。特洛伊城在哪里？它真的存在过吗？

特洛伊木马

根据史料记载，在特洛伊战争发生500多年之后，一切从头开始的古希腊人，曾经在他们认定的特洛伊城原址上重建了一座新的城市，名为“伊利昂”。公元前330年，亚历山大帝王远征波斯之前，曾在这里拜祈过女神雅典娜。

但是到了公元初年，罗马执政官尤利乌斯·恺撒来这里凭吊他的祖先埃涅阿斯的出生地时，这里却已经全然没有了往日的繁荣，而是被满目荒芜所取代。直至罗马时代，一座新城才又在这里崛起，但它在经历了几百年的繁华后，又毁于地震。从此，特洛伊逐渐从人们的记忆中淡去了。后来，人们甚至怀疑这个城市是否在地球上存在过。

当年施利曼的发现也是让人半信半疑，如今一个多世纪过去了，通过考古工作者的艰苦挖掘，特洛伊城已将它的全貌展现于世人面前。人们在30米深的地下发掘出了各个不同时期的特洛伊古城遗址，分属9个不同的历史时期。这充分证明特洛伊文化是真实的，而且历史悠久。

在这里，公元400年左右罗马帝国时代的古城遗址仍在向人们展示着当年雅典娜神庙的雄伟气势。科学鉴定证明，公元前1300年至前900年间

拱门不用一钉，仍能屹立数千年的安纳托利亚地区的建筑

的特洛伊古城遗址是被彻底烧毁的，这有力地证明了《荷马史诗》对历史的描述是真实无误的。人们在这里可以看到厚达5米的残败石墙，里面还发现了大量的彩陶和其他生活用品，它们大多绘有简单的几何图形，造型朴素。数百年来，人们对埋藏于特洛伊之下的宝藏一直将信将疑，虽然施利曼发现的金面具、金盒、金盘、金制的儿童葬衣以及上万件金制首饰，都证实了宝藏的存在，但人们心中产生的新的疑问是：1890年以后的发现比施利曼在19世纪70年代挖掘的遗址离地面要近得多，这表明在建立时间上，《荷马史诗》时的特洛伊城比施利曼发现珠宝的小城有几个世纪之差，同时，这也说明施利曼由于急于到达小山的底部无意中挖通了《荷马史诗》时代的特洛伊。那么施利曼发现的黄金制品是不是传说中的特洛伊宝藏呢？或者说，这里还有没有埋藏着其他的宝藏呢？

从这里出土的大量不同形式的古代文献里，人们还可以发现更多关于古代文明的秘密信息。但至今仍未能破译特洛伊文字，想解开特洛伊传说中的宝藏之谜还有很长的路要走。

沙皇500吨黄金之谜

俄国“十月革命”胜利之后，1919年11月13日，沙俄海军上将阿历克赛·瓦西里维奇·哥萨克率领一支部队，护送着一列28节车厢的装甲列车，从鄂木斯克沿西伯利亚大铁路向中国东北边境撤退。就在这趟戒备森严的列车上装载着沙皇的500吨黄金。这批黄金都是沙皇从民间搜刮来的民脂民膏。这队人马经过3个月的艰难跋涉，来到了贝加尔湖湖畔，由于饥寒交迫，有许多人死去了。哥萨克发现铁路已被彻底破坏了，无法通行，只好命令部队改乘雪橇穿过贝加尔湖中国边境。

冰面上积了厚厚的雪，在刺入肌骨的暴风雪之中，500吨黄金被装上了雪橇，在武装人员的押送下，在80千米宽的湖面上，像蜗牛一样边扫着积雪边前进。到了1920年3月初，贝加尔湖面上的冰突然出现了裂缝。据说，哥萨克的所有部队和500吨黄金全都沉入水深一百多米的湖底。

事情过去18年之后，有一个生活在美国的沙俄军官斯拉夫·贝克达诺夫公开了身份，并对人说：“沙皇的这批财宝并没有沉入贝加尔湖，早在大部队抵达伊尔库茨克之前就已经被转移走，并且早已被秘密埋藏了起来。因为当时的形势已很明朗了，大部队不可能撤退到满洲，不论从哪个方面来考虑，最好的做法就是把这笔黄金秘密埋在一个地方。当时我跟一个名叫德兰柯维奇的军官奉命负责指挥了这次埋藏黄金的行动。我俩带了45个士兵，把黄金转移出来之后，就把它们埋在了一座已倒塌的教堂的地下室里。这事办完之后，我们把这45名士兵带到一个采石场上，我和德兰柯维奇用机枪把他们统统枪决了。在返回的路上，我发现德兰柯维奇想暗算我，于是，我抢先一步掏出手枪把他打死了。这46个人的死亡根本不会引起注意，因为当时每天都要失踪一百多人。就这样，我成了现在唯一掌

皇冠和权杖

握沙皇黄金秘密的知情人。”

1959 年，贝克达诺夫曾利用一次大赦的机会返回苏联，并在马格尼托哥尔斯克碰上了在美国加利福尼亚时认识的美国工程师。此人始终没有透露真实姓名，他只用假名，叫约翰·史密斯。史密斯了解贝克达诺夫的情况，建议和他一同去当年埋藏沙皇黄金的地方。于是他们在一个名叫达妮娅的年轻姑娘的陪伴下，在离西伯利亚大铁路 3 千米处的原教堂地下室里找到了仍然完整无损的沙皇黄金。他们只取走了部分黄金。随后，当他们开着吉普车、正要通过格鲁吉亚闯过边境时，突然一阵密集的子弹扫来，在弹雨之中，贝克达诺夫被当场打死，而史密斯和达妮娅则扔下车子和黄金，惊恐万分地逃出了苏联。

如今，这批沙皇黄金的线索又断了。假如 500 吨黄金确实没有沉入贝加尔湖底，但要找到它，还需要史密斯或达妮娅出来证实才能揭开谜底。

黄金之城

在中国古代，黄金就有华贵至极、高不可攀的意思，要不怎么说“金屋藏娇”“书中自有黄金屋，书中自有颜如玉”呢！但是，古代的伊朗人却告诉世界，在他们的国家里有一座用黄金做成的城市，这就是伊朗人最初的国家——米底帝国的都城哈马丹。

历史上真的有这样金贵的城市吗？那么现在它还存在吗？

据“历史之父”希罗多德告诉我们，哈马丹城的建立者是米底王国的创立者戴奥凯斯。关于戴奥凯斯这个人是否真实存在，过去人们一直抱有怀疑的态度。即使后来人们在亚述文献中也发现了这个名字，学术界仍然有人坚持说此戴奥凯斯非彼戴奥凯斯，亚述文献中记述的与希罗多德所说的并不是同一个人。不过，多数学者倾向认为这两个人实际就是同一个人，即米底王国的创立者戴奥凯斯。

据说戴奥凯斯本来是部落首领的儿子，自幼十分聪明，长大后的他为了取得僭主地位，努力在本部落中主持正义，被选为仲裁者。他的美名后来逐渐传遍四方，所有的米底人都同意选举他为国王，给他修筑了一座与国王身份相配的宫殿，建立了一支禁卫军。随后，他又强迫米底人给他建造了一座城市作为自己的新都，它就是今日的哈马丹，希腊人也称为厄格巴丹。哈马丹的建立，是米底帝国的开始，戴奥凯斯自然也就被认为是这个帝国的创立者。

关于哈马丹城的情况，在希罗多德的书里也有详细的描绘。他说哈马丹城墙厚重高大，是一圈套着一圈地建造起来的。每一圈里面的城墙都比外面一圈要高。由于城市建筑在平原上，这种结构对防御外敌进攻大有帮助。据给希罗多德介绍情况的伊朗人说，哈马丹的城墙共有七圈，最外面，一圈城墙为白色，长度与雅典城墙大致相等。第二圈是黑色的，第三圈是紫色的，第四圈是蓝色的，第五圈是橙色的，第六圈是白银包着的，第七圈是黄金包着的。戴奥凯斯的王宫，就在镶着黄金的城墙之内。

世界上怎么还有这样奢侈的城市呢？竟然用尊贵的黄金来装饰城墙！所以希罗多德关于哈马丹有七圈城墙的说法，听起来就像个神话传说，特别是说最后两道城墙包上了白银和黄金，就更像是海外奇谈，令人不敢相信。

不过既然是在文学作品中出现这样的描述，夸张必然不可避免，况且那个时代的西方人大都喜欢把东方描绘成人间乐园，好像那里黄金遍地，财富无穷。希罗多德就曾经这样告诉过希腊人："谁要是占有苏萨的财富，就可以和宙斯斗富。"而当时的苏萨城，绝对算不上西亚最富裕的城市。

根据同时代巴比伦人留下的楔形文字资料，以及后来的《亚历山大远征记》等的记载，我们知道，哈马丹城和两河流域城市一样，并没有七道城墙，也更没有什么金墙、银墙。历史上的哈马丹在伊朗语中有"聚汇之地"的意思。因为，它不仅是米底帝国的政治中心，也是古代伊朗交通要道的中心，它维持着东西方繁荣的国际贸易，著名的丝绸之路就经过这里。

尽管没有任何文字资料，但是我们从亚述宫廷浮雕中还是可以看出米底王国一般城市的大致情况。它们都有坚固的城墙，高耸的塔楼。城墙外有护城河，足以抵抗强大敌人的进攻。哈马丹作为米底最大的城市，也是米底反抗亚述的起义中心，理所当然应当更加雄伟坚固。同时，我们从希罗多德所说的得知，米底王宫离城墙很近。这与其他国的都城，如尼尼微和巴比伦情况相同，那里的王宫与城墙也很接近，或者说城墙本身就是王宫防御体系的一部分。

米底帝国灭亡之后，哈马丹又成了古波斯帝国四大都城之一。古波斯历代帝王，每逢夏季都要来哈马丹的夏宫避暑。后来，哈马丹又成了塞琉西王朝在东伊朗的统治中心。安息时期，哈马丹一度是安息的都城，并且是丝绸之路中段的重镇之一。哈马丹在伊朗历史上繁荣了二千七百多年之久，直到今天，它仍然是伊朗最主要的城市之一，并且是伊朗农牧业生产的中心。

根据米底王国初期的情况判断，哈马丹城里可能是分部落或种族而居，每个居民区之间可能有围墙加以隔开，就好像中古伊朗城市的居民区一样，也是按部落居住的。哈马丹的这些围墙加上宫墙和外城墙，总数可能正好是七道。当然，古代哈马丹城的街区也可能就和今天的情况一样，居民区就像蜘蛛网一般，一圈又一圈，围绕王宫形成了七个包围圈。不过，由于古波斯帝国时期的哈马丹遗址至今还没有进行任何发掘，因此，古代哈马丹城的情况，今天仍然笼罩着一层神秘的面纱。

不知什么时候才能揭开这层神秘的面纱，还哈马丹一个真实的本色？

哲学家皇帝奥勒留

以毕达哥拉斯、赫拉克利特、德谟克利特、苏格拉底、柏拉图、亚里士多德等人为代表的古希腊哲学在人类思想发展史上占有崇高的地位，为后世各个流派的哲学家提供了极为丰富的思想源泉。正是受古希腊哲学的影响，古罗马也产生了许多对后世有重要影响的哲学家，其中马可·奥勒留被称为哲学家皇帝。

奥勒留出生时，他的祖父第二次当执政官，并任罗马市长。奥勒留与罗马新统治集团中几个最显要的家族都有亲戚关系，因此从幼年起就注定他将来必定出人头地。公元140年，年满十九岁的奥勒留成为罗马执政官，以后又于公元145年、公元161年两度充任此职。公元147年，他任最高统帅和保民官，参与重要决策。在四十岁的时候，奥勒留风平浪静地成为拥有王权的皇帝，但是他坚持同义弟韦鲁斯一道继承皇位，这样在罗马帝国的历史上第一次有两位具有同等地位和权力的皇帝共同执政。

公元1世纪到2世纪是罗马帝国的繁荣时期。当时各个王朝竭力加强皇权，建立和完善官僚体系，改进军事体系，调整帝国境内不同阶层以及罗马与各行省的关系。图拉真统治时期，帝国的版图被扩大到最大规模：西起不列颠，东迄幼发拉底河，北越多瑙河，南抵北非。由于政局稳定、商路畅通等原因，此时帝国的社会经济空前繁荣，对外贸易远达中国。但是当奥勒留统治时期，罗马帝国已经度过了它的鼎盛阶段，周边行省的局势已经变得很不稳定。公元167年，奥勒留和韦鲁斯一道越过多瑙河讨伐日耳曼人。经过艰苦的努力，他们才把日耳曼人赶走，而韦鲁斯却因中风猝然死去。当奥勒留在多瑙河外作战时，埃及、西班牙和叙利亚的局势也极不稳定。公元175年，韦鲁斯手下的大将阿维迪乌斯·卡修斯已经成为东方各行省的实际统治者，并且控制了埃及。同年，阿维迪乌斯自立为皇帝。奥勒留被迫与北方那些尚未征服的部族订立和约，准备征讨阿维迪乌斯。未待起兵，阿维迪乌斯已被自己的部下刺杀。奥勒留趁机巡视东方各地，视察了雅典、安条克和亚历山大里亚，安定帝国在东方的统治。公元177年，奥勒留重新开始多瑙河战争，准备为罗马建立一条大大扩展的北部边界，但是正当胜利在握之际，他却在军中死去。奥勒留在政治上不能说毫无作为，特别是他重新稳定了日见端倪的动荡局势，使帝国强盛的势头得以继续维持，这一点还是值得称道的。人民也因此奉他为兵士、哲人和圣人。但是他在哲学上的贡献，与其在政治上的作为相比并不逊色。

一个时代的艺术形态和道德标准往往与皇帝的兴致有很大关系，如禁止残忍的竞技、制定体谅弱者的法律、力求持久美满的婚姻等。道德败坏古往今来都不易避免，有的人公开败德，有的人秘密下流。到了尼禄统治时期，道德败坏的风气稍见好转，已不足为忧，人们又重新信仰旧教或笃奉新教，哲学家也重新受到欢迎。尤其在奥勒留统治时期，他招待他们，容忍他们，使他们中的不少人来到罗马。这些哲学家利用奥勒留的大度和权力，麇集朝廷，要求任命和供给俸禄，他们发表无数演讲，又创办许多学校。在学生皇帝奥勒留的支持下，他们为世界带来了古代哲学的繁荣。

这是一幅反映早期罗马人日常生活的壁画，描绘着人们在进行传统的体育项目——角力

其实，奥勒留不仅利用自己的权力推动了哲学的发展，他本身还是当时颇负盛名的哲学家。早在十二岁时，他就是哲学家的装束，而且母亲让他睡床，他坚持不肯，宁愿席地而卧。在巡视东方各行省之际，他不带护卫，穿哲学家的披风，听名师演讲，用希腊话参加他们的演讲。他还在旅行、战争和艰难困苦中，写下了不少对人类生活和命运的思索。在他的著作中，他不把哲学当做一种描写无限大的空论，而是把它当作一种道德思想和生活方式。他内心是个泛神论者，对于宇宙秩序和神的智慧深深感动。他惊异一滴小小的精液会长成小孩，吃了少许食物就会呼吸等。他认为假如我们能够领悟，我们就会发现宇宙之中也有跟人一样的秩序和创造力。他承认请神不要降灾给人是很困难的，除非我们看透自然的统一体，但是谁能看得透呢？所以要想评判世界就是自大和荒唐，要知道度德量力，要和宇宙秩序相和谐，要意识到世界背后的意志，并且要高兴与它合作。奥勒留认为，把知识当作良好的生活工具，那种知识才有价值。哲学不是用理论和学问来指挥你，而是不停地训练你养成优美的品德。他还认为心灵必须是能抵抗物欲、情欲、愤怒和仇恨的城堡，它必须专心工作，

而且能够注意生活逆境或前途险阻。他不愿意承认世界有坏人，对付坏人的方法就是切记他们也是人，他们是因宿命论而犯了错误，使自己成为受害人。假如你所认识的坏人使你难过，请想到你所认识的好人，请想到有过失的人也有他们的优点。不论好坏都是兄弟，一个神之下的子民，就是那丑陋的野蛮人也是我们的同胞。以奥勒留而言，他的祖国是罗马，以人而言，他的祖国是世界。

然而奥勒留的生活并不安静快乐。为了让他心中的世界进一步扩展而安定，他继续了多瑙河的战争，甚至为之死在了军中。他的哲学带有纯粹的实用主义倾向，即带有罗马皇帝的印痕，这是奥勒留哲学思想的真实面目，也是我们称之为哲学家皇帝的因由所在。

丘吉尔人生之谜

1874 年 11 月 30 日，丘吉尔出生在英国牛津郡布莱尼姆府邸。他的父亲伦道夫·丘吉尔是位保守党政治家，母亲詹妮·杰罗姆是纽约金融巨子赛马迷伦纳德·杰罗姆之女。丘吉尔小时候学习成绩很不理想，于是父亲决定让他从军。经过三次入学考试，他才勉强考入桑德赫斯特皇家军事学校。1895 年，父亲去世后，他便开始了军人兼新闻记者的生活。1899 年，英国即将与布尔人在南非交战，他作为《晨邮报》的记者被派往南非。他离开英国去南非时还是一名普通的新闻记者，但等他回国后却已成为英雄。

丘吉尔到南非后不足一个月便参战并救出中了布尔人埋伏的一列装甲火车，自己却因只身一人，手无寸铁被布尔人俘虏。那些逃脱的人回去大肆宣扬他、称赞他，英国人控制的南非各家报纸也大肆宣传了“丘吉尔中尉”的英雄事迹。被俘不足一个月，他找了个机会，趁哨兵不注意，翻墙

丘吉尔像

逃走了，随身只带了75英镑和几块巧克力。他一副平民打扮，头上戴着一顶宽边软呢帽，安全地逃到了城郊。这时布尔人正在四处追捕他，还发出告示悬赏捉拿他。告示上说，只要能将他抓获，不管死活，都奖赏25英镑。因为追捕的风声很紧，丘吉尔只好躲在英国人开的一座煤矿的矿井里，那里终日漆黑一片，只是偶尔能见到蜡烛的光亮。后来他又在好心的矿井经理的办公室密室里待了三天，躲过了追捕的风头后，他才搭乘一列火车，经过将近三天疲惫不堪的旅程，终于到达了洛伦索·马贵斯市的英国领事馆。在那里，他舒舒服服地洗了个热水澡，吃了一顿丰盛的饭菜，然后在当晚乘轮船回到了英属领土。

丘吉尔成功逃脱的消息使他再次扬名，成为头面人物。当他在12月23日到达德班时，受到了热烈的欢迎。他被人们高高地抬着走下轮船，一群热情的欢迎者踩着人力车将他从码头拉到市区，后面跟着大群欢呼的人。他们一面欢呼，一面挥动着英国国旗。到达城防司令部时，人们的爱国激情再度迸发出来，他们一致高呼请求丘吉尔先生发表演讲。丘吉尔欣然从命。经过这次事件，他回到英国时已经是一位名噪一时的英雄人物了。

丘吉尔步入政坛之后，少年时的狂傲之气转变成了成熟与自信，他在英国政界的名声扶摇直上。1908年，丘吉尔始任贸易部大臣，并成为内阁成员。他虽然在曼彻斯特补缺选举中失利，但在邓迪的选举中获胜，并且

反映布尔人伏击英军火车的版画

赢得了美丽的克莱门蒂娜小姐的爱情，两人缔结了美满的婚姻。他们伉俪情笃，为丘吉尔在惊涛骇浪中前进的事业提供了一个安全而又幸福的后方港湾。

克莱门蒂娜并不是第一位引起丘吉尔极大兴趣的姑娘。丘吉尔曾经追求过一位叫帕梅拉·普洛登的姑娘，结婚前不久还爱慕过一个船主的女儿，他还曾徒劳地追求过著名的演员埃赛尔·巴里莫尔。但因为丘吉尔不喜欢柔声细气地交谈，而且讨厌跳舞，结果她们认为他很狂傲、唯我独尊，甚至把他说成是乡巴佬，都拒绝了他的爱情。

刚开始时，克莱门蒂娜小姐也对他持有相同的看法。但是随后在一次布伦海姆宫的会面中，她毫不犹豫地答应了他的求婚，这是因为在几天前，丘吉尔的又一英勇举动激起了她对丘吉尔的爱慕之情。

当时丘吉尔与堂兄弗雷迪·格斯特上尉正住在拉特兰的一家出租公寓里。半夜，这家公寓突然失火。当地的消防队姗姗来迟，而附近灭火的水源又不充足，导致公寓最终被烧为灰烬。但其间丘吉尔的表现却很出色，他率先戴上消防队员的钢盔，指挥现场救火人员分工合作，然后自己英勇

伦敦夜景

参加下议院竞选时的丘吉尔

地冲入火海，抢救公寓中的财物。当时的报纸是这样报道他的：“他奇迹般地抱着两个半身雕像，从公寓中跑出来。就在他刚刚跑出来的一刹那，屋顶塌了下来，如果再晚一秒钟，他就会被埋在瓦砾堆中了。”大火发生后，克莱门蒂娜给丘吉尔发了一份电报来问候他。丘吉尔十分高兴，他给克莱门蒂娜回电说：“大火非常有趣，我们都尽情地享受到了它的乐趣。”

随后，丘吉尔便邀请克莱门蒂娜小姐在布伦海姆宫见面。这天下午，他和克莱门蒂娜到花园散步，但是这时突然下起了大雨，于是他们便在离宫殿不远的一所装饰华丽的教堂里避雨。在教堂里，丘吉尔正式向克莱门蒂娜小姐求婚。克莱门蒂娜毫不犹豫地答应了。他们于8月15日宣布婚约，婚礼于9月12日在威斯敏斯特的圣玛格丽教堂举行。

内阁大臣的婚礼通常比较隆重。当时，有1400人应邀参加了婚礼，教堂周围还挤满了围观的人，丘吉尔穿着传统的结婚礼服，头戴高礼帽。新娘修长而苗条的身上披着轻柔的白色婚纱，上面镶着康沃利斯·韦斯特夫人赠送的威尼斯花边，显得格外美丽。

人们都说这是一桩美满的婚姻。克莱门蒂娜小姐出身并不富有，但她容貌出众，聪慧而且人品较佳，是一个很有魅力的姑娘。有人曾夸她长着“第一流标致的脸蛋”“很有姿色、毫无瑕疵”。她给丘吉尔提供了一个安详静谧的家庭环境，并使丘吉尔改掉了在单身时养成的粗暴习气，变得温和起来。

伊谢尔勋爵曾应邀参加为丘吉尔生日举行的小型家庭宴会，他这样描述丘吉尔夫妇伉俪情深的动人场景：“他的生日蛋糕上点燃了35支蜡烛。整个晚宴期间，他一直戴着一顶花炮纸帽坐在那里，样子看起来很古怪……她和他同坐在一张沙发上。他握着她的一只手。我从来没有见过有两人这样恩爱亲密。”

早在1939年第二次世界大战爆发之前，丘吉尔就对来自德国希特勒日益严重的威胁感到忧虑，这种忧虑压倒了他研究历史的兴趣，也超越了他在印度问题上的不安。他一再地向政府申述必须认真对待德国威胁的理由，并强调绝不能让德国空军达到与皇家空军同等的实力水平。但当时他被排斥于政府之外，他的立场只得到少数追随者的支持。在张伯伦继任首相后，事实一再证明丘吉尔有关德国侵略计划的预测是准确的，但张伯伦对他的警告却始终置若罔闻。当德国意图侵占捷克斯洛伐克时，丘吉尔敦促政府与法国、苏联发表一个联合声明，但没有结果。1938年9月，英法等国反而与希特勒缔结了《慕尼黑协定》，拱手将捷克斯洛伐克送给了希特勒。丘吉尔宣称这个协定是“一次完全的不折不扣的失败”。1939 年 3 月，丘吉尔和他的少数支持者要求组成一个真正全国性的联盟，全国的民众终于转而归向他，要求他重新入阁。当时伦敦经常有人聚集到张伯伦的官邸前示威，要求“丘吉尔回到内阁”。

德军轰炸过的伦敦

张伯伦不信任丘吉尔，也不喜欢这个在一战期间就多次入阁，战后又任过内阁大臣的人。丘吉尔的激进作风，他的善用“铁腕”，甚至于他撰书写作中显示出的才华和锋芒，都是张伯伦所厌恶的。但是由于当时已经对德宣战，希特勒扬言要困死英国，他对英国实行全面的封锁，并出动海军猛烈攻击英国的商船和舰队。张伯伦迫于形势，也出于阴险的诡计，决定让丘吉尔出任海军大臣这一最棘手的职位。

1939 年 9 月 3 日，丘吉尔出任海军大臣。当时形势十分严峻。就在当天晚上，英国一艘客轮被德国鱼雷击沉，120 人丧生。5 日、6 日两天又有三艘英国轮船在西班牙沿海被击沉。但丘吉尔临危不乱，他立即忘我地投入到工作当中。他每天的工作时间长达 18 个小时，发出指示，搜集情报，组建远洋护航队，武装远洋商船，训练商船水手。经过 3 个月的准备之后，英国1000艘商船至少各装备了一门反潜艇大炮。不久，英国海军便开始反击德国潜艇，并取得了不俗的战绩。

这期间有一个小小的插曲。11月3日，海上正在进行激烈的战斗，丘吉尔夫妇邀请首相张伯伦夫妇共进晚餐。在晚餐即将结束，喝最后一道汤时，一名军官前来报告说："首相、大臣，我们击沉了一艘德国潜艇。"张伯伦感到十分意外，但同时也很高兴。而当他们用罢晚餐，正在吃饭后甜点时，这名军官又来报告，海军又击沉了一艘德国潜艇。张伯伦夫人吃惊得不禁双眼大睁："又击沉了一艘。"她手里已经拿起甜点，但都忘了往嘴里送。晚宴终于结束了，丘吉尔夫妇陪同首相夫妇正要离开餐厅，那名军官再次来报告说，英国海军击沉了德国的第三艘潜艇。首相夫人以为这是丘吉尔布置好的，于是她笑着问："大臣，这是否是您有意安排的?"丘吉尔躬身沉静地回答道："不，夫人。如果您下次光临，也一定会获得同样的惊喜。"

1940年4月希特勒入侵挪威之前，欧洲战场的战争处于胶着的状态。张伯伦错误地估计了形势，认为对德战争已胜利在望，希特载的力量已经很有限了。但就在他作出这一番评论后的第五天，纳粹德国又迅速攻占了丹麦和挪威。绝大部分议员对张伯伦内阁表示不信任，他们都要求丘吉尔接替张伯伦组阁。但张伯伦拖着不辞职，不想让丘吉尔组阁。与此同时，欧洲战场上的形势也在迅速发展。德国征服北欧之后，又向西发动了强大的攻势，袭击了法国、比利时和荷兰。德国对这些国家的入侵，对张伯伦政府又是沉重的一击。迫于国内外形势和舆论的压力，张伯伦最终宣布辞职。丘吉尔当选为首相。

为了获取二战的胜利，丘吉尔制定并倡导着他的大同盟战略，德国的希特勒是敌人，全体英国人民的目标就是打败敌人。任何以此为目标的人，哪怕是共产党，都是可以接受的同志。在这次战争中，美国是不可或缺的盟友，无论是正式宣战以前或以后都是如此。争取或确保美国的支持一直是丘吉尔思想中的主要原则。尤其是在法国沦陷后，英国认识到如果没有美国的支持，即使自己能在入侵中幸存下来，也无论如何没有打赢这场战争的希望。英国希望能首先获取美国的财政援助。而唯有丘吉尔有资格劝说美国人，说服他们在英国遇到困难时给予援助，正像唯有他才有资格同希特勒相抗衡一样。

正在视察前线的丘吉尔

丘吉尔本人是半个美国人，加之在最近这10年间，他多次对美国进行长时间的访问。因此，美国读者对他写的文章和书籍几乎与英国人一样熟悉。于是丘吉尔给罗斯福写了一封长信，信中说明他对战争形势的看法，请求美国对英国提供各种形式的援助，以便英国可以继续坚持斗争，其中包括财政援助。丘吉尔在信中这样写道："这个时刻临近了，我们将不能再用现金来购买舰船和其他军需品。当然我们将尽最大努力减少不必要的亏空。在这场战争的高潮期间，如果大英帝国所有可变卖的财产都被剥夺得一干二净，结果当我们用鲜血赢得胜利之后，文明得到了拯救，同时也为美国进行充分的应付一切不测的准备赢得了时间，但我们将会剥得精光，赤条条地站着。我想这在原则上是错误的，并且实际上对双方都没有好处。”

罗斯福也有同感，他在随后的记者招待会上，打了一个比方说，若你的邻居房子失火，那你就应当立即把院子里的水管借给邻居，而不要讨价还价。后来在1943年3月，美国国会通过了一项租借法案，向英国等国家提供贷款。同时罗斯福又派他的密友、前任商务部长霍普金斯到唐宁街10号拜访丘吉尔。丘吉尔的助手将他领到地下室中一间很小的餐厅，给他倒了些雪利酒，让他等候首相的到来。霍普金斯后来描述说：“一位胖乎乎、面带笑容、脸色红润的男人出现在我面前，伸出了一只胖胖的但丝毫不乏自信的手，欢迎我到英国来。他穿了一件黑色短外套，一条带条纹的裤子，有一双明亮的眼睛，语气很有感情，使人对英国的领袖留下深刻的印象。”丘吉尔很快同霍普金斯建立了密切的关系。霍普金斯给罗斯福写了封信。信中评价丘吉尔说：“丘吉尔是一切意义上的政府，他决定重大战略，但常常也不忽略细节。工人们信赖他；陆、海、空三军全体一致支持他；政治家们和上流社会也声称喜欢他。我要强调指出，而且不论怎样强调这一点都不算过分：即在这里，他是你所需要、并与你取得充分一致意见的、独一无二的人。”在参议院通过租借法案后不久，罗斯福指令霍普金斯负责援助英国的事务。

1941年8月10日，在纽芬兰“威尔士亲王”号上，丘吉尔和罗斯福进行首次会晤，共同发表了一项原则声明，这就是二战时有名的《大西洋宪章》，从而进一步加强了英美之间过去心照不宣的联盟。

英国国王乔治六世去世后，年仅25岁的女王伊丽莎白二世即位。这时第二次担任首相的丘吉尔已78岁了，但他的心情依旧十分激动，他说：“我年轻时曾经历了庄严、和平和安静的维多利亚时代，所以现在当我再一次向上苍祈祷，唱起‘上帝保佑女王’的颂歌时，我会情不自禁地感到激动。”在新的伊丽莎白女王时代的人中，很少有人像首相丘吉尔那样热情洋溢，以至于他身边的人都猜测，他是否真的对女王有爱恋之情。他曾将伊丽莎白二世的一张照片放大装入相框。照片上，女王头戴简单饰物，头探出马车的车窗，满脸笑容，肩上披着蓬松的织物，挥动着左臂。他将这幅照片一直挂在自己的床头，直到去世。

丘吉尔和罗斯福首次会晤

伊丽莎白女王二世探望丘吉尔爵士

在女王刚登基时，丘吉尔曾有些疑虑，怕女王还是个孩子，处理政务会不够好。但是很快他就发现自己已不知不觉被他和女王的共同见解所感动。每次觐见女王后回到唐宁街时，他总是不由自主地赞叹道："一个多么迷人、多么聪慧的年轻女王啊！"随着态度的改变，丘吉尔在感情上也产生了微妙的变化。他曾对私人保健医生莫兰说，女王简直是个宝贝儿。他常常为女王祷告，祈求上帝保佑她工作不要过度劳累。他又对财政大臣巴特勒说："我们现在得到了想要得到的东西……感谢上帝，我们不可能找到比现在的女王更好的国王了。"后来，丘吉尔星期二被召见的时间越来越长，一开始不到半个小时，但不久就延长到一个小时以上，以致首相经常推迟用晚餐的时间。科尔维尔问首相："你们谈了些什么？"丘吉尔含糊地回答说："噢——赛马。"

应当说，女王伊丽莎白二世和丘吉尔之间建立了最为密切的君臣关系。女王在1953年4月加冕典礼前授予丘吉尔嘉德勋章。而在女王的加冕典礼上，虽然天气寒冷而潮湿，丘吉尔又大病未愈，但他仍然"一副快活和兴致盎然的样子"，戴着用羽毛装饰的帽子，穿着塞克港沃登勋爵式制服，佩戴上他所有的勋章，当然包括那枚特殊的嘉德勋章。在女王1953年冬季出访国外期间，丘吉尔便给女王写信，由于中风留下了后遗症，他只好口授，由秘书代笔。而伊丽莎白女王总是亲笔写回信给他。1953年，当女王的妹妹玛格丽特与已离过婚的空军上校彼得·汤森热恋并结婚，在舆论界掀起轩然大波时，女王曾求助于丘吉尔。1957年，艾登首相因疾病和苏伊士运河事件被迫辞职时，女王也曾征求过丘吉尔先生的意见，向他询问该由谁来继任。对于女王的要求，丘吉尔当然总是竭尽全力，而女王对丘吉

丘吉尔的遗体被停放在威斯敏斯特教堂

尔的意见也十分尊重。在丘吉尔1964年90岁寿辰时，女王给他送来了鲜花。当丘吉尔1965年1月24日去世时，女王宣布为他举行国葬，这是对一个非皇室血统的人少有的殊荣。举行葬礼那天，尽管天气严寒。伊丽莎白二世仍然坚持出席葬礼，为这位伟人送行。

哈定死因之谜

1923年8月2日，上午10点在旧金山里家酒店里，一位护士端着药盘进入了一间豪华套房。里面住的是美国现任总统沃伦·甘梅利尔·哈定。几天前，他食物中毒病倒了。当她走进房门以后，斜倚在床头的哈定总统古怪地望了她一眼后，突然脑袋抖了一下，便耷拉下来。护士大惊失色，喊了起来。哈定总统的保健医生乔尔·希恩闻讯赶了进来，检查了一下，确定总统已经去世。医生们后来签署的死亡鉴定结果为“可能是中风”。据说，哈定总统曾患有心脏病。在此之前，他正面临被弹劾的危机。而且他的夫人得知了他的风流韵事。难道他真的是因中风而死吗?

哈定于1865年生于俄亥俄州。他的父亲是个农民，后来做了顺势疗法医生。从俄亥俄中心学院毕业后，十九岁的哈定成了俄亥俄州马里恩《明星报》的出版商和合资商。1891年，他同这个城镇中最富有的银行家的女儿弗洛伦斯·柯·德沃尔芙结了婚。

哈定高大、英俊、性情随和，又有着坚定不移的共和党的思想和响亮的嗓音，十分具有魅力。1902年，他成为俄亥俄州的副州长，1904年任州长。1914年以共和党人的身份进入美国参议院。在1920年的总统竞选中，哈定以“正常化”为竞选口号，击败对手，成为美国第29任总统。值得一提的是，在哈定扶摇直上的过程中，背后一直有位为其掌舵的女人，那就是他精明强干又冷酷傲慢的妻子弗洛伦斯。哈定称之为“女公爵”。

美国总统哈定

尽管家中已有妻子弗洛伦斯，但哈定温柔的本性却无法抵御女士们对他的进攻。社交皇后卡丽·菲尔普斯与他情深意浓，缠绵了好几年；年轻美丽的娜恩·布里顿也为哈定神魂颠倒，后来成了他最受宠的情人。哈定进入白宫后，与布里顿的恋情愈发炽烈。他甚至让年轻的情妇到白宫椭圆形办公室里幽会。

这事最终被弗洛伦斯发现了。她请了联邦调查局的侦探加斯顿·米恩斯，要他调查娜恩·布里顿的堕落行为，只要证实布里顿是个放荡的女子，就可以向哈定发难，令其迷途知返。意想不到的是，米恩斯不仅证实布里顿纯洁无瑕，还带来了一封哈定写给布里顿的缠绵悱恻的情书。她与哈定生活几十年，从未听哈定说过如此温柔的话。第一夫人被气坏了，她准备给这个小他五岁的男子以颜色看。于是，就在拿到哈定情书的当晚，她一直坐在沙发里，等着总统归来。直到凌晨两点，哈定总统回来了。当她正准备向总统施以急风暴雨时，想不到总统却暴跳如雷。原来，他已陷入将被弹劾的困境。

哈定一直很爱打牌，这个习惯一直保留到他当总统以后。他常以“忙于政务”为由不回家，实际上是同一群密友打扑克。于是，便有了扑克内阁。正是他的扑克内阁密友给他带来了麻烦。其中一个是内政部长、前退伍军人局局长福希斯，他将本来应该帮助成千上万在第一次世界大战中退伍伤残军人的抚恤金用来玩女人和赌钱。众议院调查委员会掌握了他大量贪污受贿的证据。另一个则是司法部长多尔蒂，他用白宫的石料建起了“K街的小绿屋”，将其变成总统的牌友们违法贩运和利用权势贩卖私酒的巢窟。参议员托马斯·沃尔什掌握了多尔蒂助手史密斯犯罪的证据。就在沃尔什提出要深入调查多尔蒂时，史密斯却在多尔蒂的寓所自杀身亡。史密斯的自杀闹得华盛顿沸沸扬扬。沃尔什将矛头直指哈定总统，认为他是导致政府贪污腐败的罪魁祸首，应该受到弹劾。

一时间，哈定急得像热锅上的蚂蚁，哪还受得了第一夫人对其风流韵事的质问。在这危急时刻，弗洛伦斯暂且把此事搁下，开始向哈定面授机宜，这么多年来，哈定一直是徒有刚强的外表，内心却脆弱不堪，而他的冷酷、沉静的妻子，总会在惊涛骇浪中把握方向。

哈定先将福希斯打发到欧洲，又叮嘱多尔蒂注意民主派参议员的追究。1923 年 6 月，他与夫人开始了穿越整个美利坚合众国的政治旅行，这是第一夫人的主张，这样做的目的就是为了通过在各地演说，重新赢得民心。但是，哈定的表现并不令人满意。与心爱的布里顿分离，告别了“扑克内阁”的牌友们，使他郁郁寡欢，由于失眠的折磨，他的脸上泛着青光，而且，他的演说也不似以前那样字字珠玑，而是词不达意。至于哈定总统本人，也是感到十分疲惫，苦不堪言。7 月，他们到了此行的终点站阿拉斯加州，哈定本想亲手凿冰洞抓大马哈鱼，但在他到达后的第三天，白宫发来密报，称国会并未因他外出而停止对他的“扑克内阁”成员的追查。种种迹象表明，司法部长多尔蒂、海军部长埃德温·登比、内政部长福希斯卷入了一桩足以引发政坛地震的大丑闻中。参众两院都成立了有关这桩丑闻的特别委员会。而且，被哈定悄悄打发到欧洲的福希斯，也受到联邦最高法院的起诉，要被押解回国。哈定闻之，如坐针毡。因为他深知，参众两院如果扳倒多尔蒂和福希斯，下一步就要弹劾总统。他食不知味、卧不能寐了。在阿拉斯加的演说中，已经准备好的演说词竟没有读完。

在阿拉斯加为总统举行的宴会上，哈定勉强吃了一些当地官员极力推荐的一种蟹肉。当他启程时，却突然病倒，上吐下泻。人们当即将其送到旧金山抢救。食物中毒似乎得到了化解，哈定也变得衰弱不堪。与其说是因食物中毒导致身体衰弱，倒不如说他是被丑闻击垮。

8 月 2 日，哈定躺在旧金山酒店里，处于精神衰竭状态。第一夫人一直陪伴在他身旁，当他神志清醒时，她就给他读篇杂志。10 点左右，哈定夫人离开丈夫床头，回到自己房间休息。随后，便发生了文章开头的那一幕。当医生告诉哈定夫人他的死讯时，她非常镇静地面对了丈夫的死亡。她不允许医生解剖尸体，只吩咐使用防腐剂，让总统保持他的形象。

人们猜测，哈定是被夫人弗洛伦斯和他的保健医生希恩博士合谋毒死。有人传说，哈定在弥留之际仍不断呼唤布里顿和他俩的私生女，却一点不留恋他的总统地位。这必定使傲慢、嫉妒成性的夫人十分伤心。她不能容忍自己的丈夫时刻想着别的女人。另一方面，她不愿见到哈定被弹劾的耻辱下场。因此她下了毒手。若非如此，该怎样解释她在丈夫死后一滴泪不掉，又不让解剖尸体呢？

也有人猜测，哈定是因对国会弹劾的恐惧而死，不管怎样，他都算死得是时候。不然，美国历史上就会又多了一个被弹劾的总统，而哈定个人的名声也会一落千丈。

尼克松与“水门事件”

理查德·尼克松，1968 年当选为美国第 37 位总统。就是他，在中美经历了多年断交之后，首次向中国领导人伸出友好之手。由于他执政期间政绩突出，因此在 1972 年的总统竞选中得以连任。但在 1974 年 8 月 8 日，他却在电视上向全国民众发表辞职演说。说出了自己称之为“有生以来最难出口的一句话”——“所以，我将辞去总统职务，明天中午生效。”究竟是什么令这位没打完仗的总统下了战场呢？

尼克松于1913年出生，父母亲是当地基督教教友会的信徒，以经营杂货店为生。尼克松在成长中所受到的家庭教育主要是俭朴和勤勉。从十几岁开始，他就帮助父母经营杂货店的蔬菜分店，攒钱作为大学费用。后来，他就读于惠蒂尔学院，不仅成绩名列前茅，还是一位辩论家和学生会主席。之后又在杜克大学研习法律，毕业后进入律师界。二战中，他参加了南太平洋的战斗，并受到两次表彰。离开海军后，尼克松便以共和党人的身份在加利福尼亚州参加国会竞选，当选为国会议员。由于他对国家在国内外安全问题上的关注，使他赢得了声望。1950年，尼克松进入参议院。1952年，他赢得了副总统的提名，当时年仅39岁。在1952年至1960年任副总统的八年时间里，他将这个传统上无关紧要的职务变成了相当重要的职务，每次竞选中他都是不屈不挠的竞争者，在艾森豪威尔总统生病时，又三次有效地填补了总统的空缺。1960年，尼克松又参加竞选总统，以微弱劣势败给约翰·肯尼迪。1962年，竞选加州州长再次失败，但是他在共和党中依然享有很高的声望。1968年，尼克松再度出山，赢得了大选。他当政后不久，立即建议国会改革选举团、征兵制度、邮政制度、税务制度以及福利制度等。此外，他还在外交上取得了许多突破，如成功地结束了美国在越南的战争，开拓了与中华人民共和国外交关系的新局面，多次访问莫斯科使美苏关系得以缓解等。也正是由于他的卓越政绩，使他在1972年得以连任。如果没有“水门事件”的丑闻发生，他的政治生涯将会更长。

赫鲁晓夫在莫斯科与尼克松展开针锋相对的辩论

事情起因源自1972年6月18日《迈阿密先驱报》刊载的一则新闻，即：“企图在民主党总部装窃听器的迈阿密人在华盛顿被拘留。”报道说：6

月17日有五个人在民主党全国委员会总部所在的华盛顿水门大厦被捕。这五个人中，有四个是从迈阿密去的，其中一个自称是中央情报局的人，另三个是古巴人。他们随身携带着照相机和电子侦察设备，在安装窃听装置时被发现而被捕。警方调查表明，那个自称是中央情报局职员的麦科德恰恰是尼克松“争取总统连任委员会”的安全顾问，另外四人也很可能是受雇于该委员会的特工。一时间，“水门事件”成了全国关注的爆炸性新闻。这些人为什么要在民主党总部安装窃听装置？这与正在进行的总统竞选有什么瓜葛呢？

民主党借机对共和党展开攻势，他们对“争取总统连任委员会”和窃贼提出民事诉讼，要求赔偿一百万美元，后又增至六百万美元。专门辞去司法部长职务、充任尼克松竞选连任委员会主席的米切尔不得不向新闻界声明，在水门大厦被捕的那五个人的行为纯属个人行为，与委员会毫无关系。

但事情远非那么简单。6月20日，《华盛顿邮报》刊载消息，称在已被捕的人员随身携带的通讯录中，发现了曾在白宫任职的前中央情报局特工人员霍华德·亨特的名字。他曾在尼克松的高级顾问科尔森手下任职。一时间，舆论哗然。尼克松很不安，找来心腹询问是否有“自己人”被卷入这场局面中，目前的调查与口供会不会被民主党抓住把柄，对竞选不利。当霍华德告诉他，查究水门行动的主使人已经查到竞选连任委员会财政组法律顾问戈登·利迪身上，联邦调查局正在追查麦科德身上的款项出自何方时，尼克松十分紧张，命令手下人阻止联邦调查局的调查。

尽管白宫利用其执政权利进行掩盖和阻挠，核查机关的调查依然没有停止。9月15日，麦科德等五人被依法起诉，同时被起诉的还有中央情报局的特工霍华德·亨特和戈登·利迪。但是这并没有影响正在进行的大选。尼克松最终击败了对手，获得连任。

水门事件的阴影并未因总统的连任而消散，相反却愈来愈大。1973年

1月8日，有关部门开始对霍华德·亨特进行审讯。他不仅与潜入水门大厦的五名案犯有牵连，而且曾和利迪一起在白宫的纵容下，私闯曾把五角大楼关于越南战争的秘密材料交给报社发表的心理专家埃尔斯伯格的办公室，企图窃取加害埃尔斯伯格的材料。尼克松召集法律顾问约翰·迪安准备用重金收买亨特，令其免开尊口。出乎意料的是，迪安“反戈一击”，不仅说出白宫几名重要人物与五名窃贼潜入水门大厦一案有关，而且坦白了案发后的一系列掩饰真相的企图，声称白宫办公厅主任霍尔德曼、总统的内务顾问埃利希曼都有“阻挠司法的举动”，总统的私人律师坎姆巴克曾受命筹款给水门事件的被告。就连关在狱中受审的麦科德也指控米切尔应对他们潜入水门大厦行窃一案负责。他们的供述令白宫和尼克松狼狈不堪。

美国总统尼克松

在强大的舆论压力下，尼克松不得不在1973年4月30日晚上向全国发表电视讲话，一方面重申自己与水门事件没有牵连，另一方面又说他接受了总统办公室主任霍尔德曼、内务顾问埃利希曼、法律顾问迪安及司法部长克兰丁斯特的辞职。对尼克松来讲，这实在是无奈的选择。

尼克松清醒地知道，对水门事件一案的调查不会因受牵连的高官辞职而停止。于是他任命国防部长埃利塞特·理查德为司法部长，并授予其任命一位调查水门事件的特别检察官的全权。尼克松本想通过这样的姿态以显示自己在水门事件一案上问心无愧，同时又可有效控制司法机关调查。始料未及的是，理查德选择了哈佛大学的著名法学教授阿奇博尔德·考克斯为水门事件特别检察官，而考克斯本人是一个怀有党派成见的狂热分子，与共和党势不两立。他一上任就向白宫索要有关档案，着手做深入调查。以民主党参议员萨姆·欧文为主席的参议院水门事件特别调查委员会，则要求白宫有关官员随时接受质询，并要求公开调阅总统的有关档案。有人甚至提出传讯尼克松亲自作证。

1973年7月12日，尼克松因病住进了海军医院。在他住院期间，他的助理亚历山大·巴特菲尔德向参议院特别调查委员会泄露了“天机”。自1971年3月以来，白宫安装了能自动记录谈话的秘密录音系统，总统在办公室的所有谈话，都有录音磁带拷贝。特别检察官认为这是证明总统是否有罪的最有力的证据，要求白宫交出有关磁带。参议院调查委员会也提出了同样要求。新闻界抓住这条爆炸性新闻大做文章，公众的反应也极其强烈。尼克松一时急得像热锅上的蚂蚁，他的本能反应是，借助总统享有的特权，绝不交出磁带。而考克斯穷追不舍，竟然点名索要水门事件三天后尼克松同霍尔德曼的两次谈话录音。尼克松坐守阵地，强调总统有权拒绝特别检察官的征调令，并要求司法部长解除考克斯的职务，从而停止调查，没想到理查德竟拒绝执行总统指令，于10月20日提出辞职，同时，司法部副部长拉克尔考斯也辞职。尼克松措手不及，只好临时指定一名代理司法部长，随后考克斯被代理司法部长解职，水门事件特别检察官办公处也随之撤销，其工作事务交由司法部受理。一时间，公众汹涌的抗议滚滚而来，谴责总统向正义和法律挑战。共和党内不少议员也都感到总统做得过分，要求任命一名特别检察官对水门事件进行调查。尼克松不得不同意。

1973年11月，来自得克萨斯的民主党人利昂·贾沃斯走马上任，他依然要征调1972年6月20日白宫的录音磁带为证据，在强大的压力下，尼克松的心理防线正在崩溃。

但是从白宫中爆出另一个惊人的消息：作为重要证据的6月20日上午

的磁带竟然有十八分钟出现空白。分管总统谈话录音的女秘书声称从未做过这样的技术处理，即使工作中有过失，无意中抹掉一些录音，最多也不超过五分钟，那么这神秘的十八分钟空白到底记录了哪些内容呢？是谁抹去的呢？

1974 年初春，美国众议院司法委员会开始考虑对总统进行弹劾，经过投票，通过了授权调查尼克松是否犯有可弹劾案的决议。3 月 1 日，联邦地方法院就伪证、密谋或阻挠审判等罪状，对水门事件新的尚未起诉的七名被告予以起诉，包括尼克松的亲信霍尔德曼、埃利希曼和米切尔等。尽管没有直接对尼克松提出起诉，但大陪审团已将之当做“未被起诉的共谋者”。事到如今，尼克松不得不将一些复制的录音磁带交给了众议院司法委员会。该委员会要求提交更多的磁带。这些磁带经过剪辑整理出来的抄本竟长达一千三百页。

1973 年 7 月中旬，参议院水门事件特别调查委员会发表了最后报告，开创了由尼克松总统或以他的名义犯下的种种罪名：为使尼克松竞选连任，潜入水门大厦民主党总部安装窃听装置；为防止机密情报泄露，白宫小组的特别小组成员夜闯埃尔斯伯格办公室搜集加害他的材料；为掩盖事实真相，用多种方式阻挠调查，包括向水门事件被告支付堵嘴的钱，为打击政敌提出利用有效的联邦工具压制，并草拟了一份“黑名单”。此外，那一段十八分钟的空白，经专家鉴定，是被故意抹掉的。7 月 30 日，众议院司法委员会进行了弹劾总统建议的表决，认为总统以不正当行为妨碍司法审判，滥用权利，在白宫设立非法秘密调查小组，蔑视国会传讯，应该受到弹劾和审判，应该被解除职务。

事到如今，尼克松只有辞职一条路可走，不然就将在众议院通过弹劾案后，接受参议院的审判而被赶下台，这会使他更加难堪。于是1974年8月8日，尼克松发表了辞职演说。8月9日，他和家人离开了他统领了六年的白宫。

水门事件，成了他的“滑铁卢”。

列宁人生之谜

列宁的原名为弗拉基米尔·伊里奇·乌里扬诺夫，后来因进行党的秘密工作而改叫列宁。

1870年4月22日，列宁出生于伏尔加河畔的辛比尔斯克城。他的父母均受过高等教育，父亲曾担任过辛比尔斯克省省长，并被沙皇封为贵族。列宁从小就很聪明，身体健壮，喜欢学习。

列宁像

1887年春天，列宁的大哥萨沙参加了民意党，与同志们一起去行刺沙皇亚历山大三世。没想到，行刺未能成功，萨拉等人反而被抓住，并被沙皇政府处以绞刑。乌里扬诺夫一家为此十分悲痛。列宁这时才17岁，心里难受极了，但又在思考这样一个问题：像萨沙那样去搞刺杀，能不能解除人民的苦难，改变俄国的落后面貌？最后，他严肃地对妹妹说：“不，我们不能走萨沙这条路！我们应该走另一条路！”

1887年秋，列宁考入帝国喀山大学法律系。这年12月，列宁参加了一次学生集会，并在会上慷慨陈词。最后，大会通过了决议，要求废除反动的学生章程，允许学生成立自治组织。当夜列宁就被逮捕，并被流放到喀山附近的一个庄园。在此期间，列宁结识了一些老革命者，并仔细阅读了马克思的《资本论》，成为一名马克思主义者。

1893 年秋，列宁移居到俄国的革命中心圣彼得堡。他经常深入工人居住区，发表演讲，并且建立起许多马克思主义工人小组。1895 年秋，在列宁倡导下，建立了一个名叫“工人阶级解放斗争协会”的秘密组织。

同年 12 月，协会的领导人被捕，列宁也被关进监狱。在监狱里，列宁利用监狱图书馆的书籍，编了一套密码在书上写信，与外面的同志保持联系，鼓励大家的斗志。他用牛奶把字写在书的空白处，干了以后谁也看不出来。家里人来探监时，列宁就让他们把书带出去，回去以后再用火一烧，字迹就显出来了。

当然，为了不让看守发现，就是把牛奶当作“墨水”来写字，也得小心谨慎。于是，列宁就用面包做成小“墨水瓶”，在里面灌上牛奶，偷偷地用小钢笔写字。

有一天，一名看守通过小窗发现列宁正在写着什么，马上闯进来询问。列宁也不答话，立即将“墨水瓶”吃了下去。看守以为自己眼花了，只好悻悻地出去了。等看守远去了，列宁马上又做了一个“墨水瓶”，继续写下去。

在被监禁 15 个月后，列宁被流放到西伯利亚的舒申斯克村三年。列宁在圣彼得堡结识的未婚妻克鲁普斯卡娅，也陪着他前往舒申斯克村。在那里，他们结成百年之好，并合作将韦柏夫妇的《工业民主主义》一书译为俄文。

在流放西伯利亚期间，列宁一直在考虑建立社会主义政党的问题。为此，他决定先办一份全国性的报纸，把整个工人阶级团结起来。但是，要在沙皇专制统治下的俄国出版这样一份报纸，是不可能的。于是，列宁决定出国办报。

列宁演讲的画像

1900年1月，列宁夫妇离开俄国，前往慕尼黑。12月，列宁、普列汉诺夫和马尔托夫等人出版了《火星报》。

在《火星报》的第一期上，刊登了列宁的一篇社论，题目是《我们运动的迫切任务》。列宁指出，这个“迫切任务”，就是在俄国建立一个工人阶级的政党。

通过各种秘密渠道，《火星报》被运回俄国，送到人民群众手中。列宁的影响也因此迅速扩大，传遍整个俄国。

19世纪末，革命运动在俄国日渐高涨。1898年，在明斯克举行了社会民主工党第一次代表大会。不过，这次大会开得不算成功，未能完成建立马克思主义政党的任务。

为此，列宁于1902年出版了《怎么办》一书。在书中，列宁提出了自己最重要的新的政治观点之一，即“党是无产阶级先锋队”的理论，并为组织工人阶级政党提出了一个简明确切的计划。

1903年7月底，俄国社会民主工党第二次代表大会终于在比利时首都布鲁塞尔召开。在讨论党纲和党章时，大会出现了严重的分歧。例如，列宁坚持认为，为了保证党的纯洁性，党员必须承认党纲，在物质上帮助党，并参加党的一个组织。一些人却说，这些都没有必要，主张凡是参加罢工的人，都可以自行宣布为党员。

本来，列宁在大会上是少数派。但是，由于犹太社会民主党人小组（崩得派）中途退出了大会，结果，以列宁为首的马克思主义者成为微弱的多数派。因为在俄语中“多数”一词叫“布尔什维克”，“少数”一词叫“孟什维克”，所以，拥护列宁的党员称为“布尔什维克”（多数派），列宁所领导的党称为“布尔什维克党”，反对列宁的党员称为“孟什维克”（少数派）。

1905 年 1 月，俄国革命爆发。列宁主张由工人阶级和农民阶级组成联盟，由工人阶级掌握领导权，在俄国建立“无产阶级专政”。对此，孟什维克坚决反对。

沙皇尼古拉二世一家

1905 年革命失败后，列宁与孟什维克之间的矛盾更加激化。为了解决内部分歧，列宁于 1912 年在布拉格召开了布尔什维克党代表会议。这次会议使布尔什维克和孟什维克两派彻底分裂。从此，两派分别拥有自己的中央委员会、党的机构和报刊。

1914 年 8 月，第一次世界大战爆发。社会党和工联领导者纷纷表态，支持各自的帝国主义政府，第二国际破产了。列宁认为，这场大战对参战双方来说都是帝国主义战争，无产阶级应当竭力“变帝国主义战争为国内战争”，工人和士兵应当掉转枪口对准本国的统治者并摧毁资本主义制度。

第一次世界大战沉重地打击了沙皇俄国。1917 年 3 月（俄历 2 月），俄国二月革命爆发，沙皇政府被推翻。4 月 16 日，列宁取道德国，经瑞典返回俄国首都彼得格勒。在火车站附近，挤满了千千万万的工人和士兵，他们前来欢迎自己敬爱的领袖。在月台上，列宁做了一个简短的演说，最后一句话是：“世界社会主义革命万岁！”

第二天，列宁在布尔什维克党的会议上发表演说，即著名的《四月提纲》。这个提纲的主要内容是：不支持帝国主义；只有打倒资本主义，才能结束战争；当前，布尔什维克党的任务是将革命从第一阶段（资产阶级民主革命阶段）推进到第二阶段（无产阶级革命阶段）；苏维埃是革命政府唯一可能的形式；将一切土地收归国有，等等。之后，布尔什维克党的代表会议通过了列宁的《四月提纲》。

从7月份开始，资产阶级临时政府逐渐失去了人民的支持，布尔什维克在各级苏维埃中的影响逐步扩大。于是，列宁决定推翻临时政府，建立苏维埃政权。

由于临时政府的迫害，列宁被迫流亡芬兰。从9月底开始，列宁多次写信，竭力敦促布尔什维克党的中央委员会立即组织武装起义。10月，列宁冒着风险，化装后秘密潜回彼得格勒。

布尔什维克与政府军之间的街道战

在他的大力敦促下，布尔什维克党中央委员会终于通过了开始武装起义的决定。11月6日夜，列宁又给中央委员会成员写信，要求他们在当晚立即起义。当晚，列宁亲自来到了斯莫尔尼宫，指挥这次武装起义。

这天夜里，根据列宁的指示，赤卫军的部队开始占领电报局、电话局、火车站等地，控制了整个彼得格勒市。

冬宫前的广场和凯旋门

11月8日凌晨，列宁以革命军事委员会的名义发表了第一篇宣言《告俄国公民书》，宣布临时政府已经被推翻，政权已经转归苏维埃，人民为之奋斗的事业已经有了保证。

8日晚间，全俄苏维埃第二次代表大会在彼得格勒召开。大会代表共有650人，其中布尔什维克有400人。夜晚9点钟，列宁亲自出席了大会，得到大会代表们长时间的欢呼。大会首先通过了列宁亲自起草的《和平法令》，向各国政府发出和平倡议，建议立即举行和平谈判，缔结不割地、不赔款的和约，并宣布：苏维埃政府将公开废除旧俄政府与列强缔结的密约。

接着，大会又通过了列宁提出的《土地法令》，决定废除地主土地所有制，一切土地都无偿地收归国有，并交给广大农民使用。

最后，大会选举产生了以列宁为首的人民委员会。

此后，革命从彼得格勒向全国各地扩展。到1918年3月，全国各地的政权基本上都由布尔什维克掌握了。

对于列宁提出的《和平法令》，英、法、美等协约国断然拒绝，德国等同盟国则同意进行和平谈判。在谈判中，德国提出了苛刻的条件。当时，俄国人民饱受战争之苦，新生的苏维埃政权也非常需要一段喘息时间，因此列宁坚持要接受这些条件。可是，俄国国内有许多人反对，因此列宁的建议被否决。

结果，德军向俄军发起了全线攻击，俄军惨败。最后，在列宁的坚持下，两国在《布列斯特和约》上签了字。1918 年 3 月，在列宁的努力下，全俄苏维埃代表大会批准了这一和约。《布列斯特和约》使俄国丧失了西部的大片国土，还要向德国赔款 50 亿卢布。不过，它也使俄国退出了战争，使苏维埃政府赢得时间来巩固政权。

列宁在 1920 年的演讲

可是，没多久，各种反动势力纷纷起来发动叛乱；英、法、美、日等协约国有的直接出动军队，有的大力支持叛乱势力。新生的苏维埃政权面临的国内外形势十分严峻。

在列宁的领导下，苏维埃政权临危不乱，一方面实行战时共产主义政策，使俄国迅速转入战时状态，建立了一支强大的红军，另一方面先后打

列宁和斯大林（右）在一起

退了白军的3次进攻，最终击败了白军，解放了全部国土。

为了打破各国资本主义的包围，将各国共产党联合起来，1919年3月，在列宁的亲自领导下，建立了共产国际，即第三国际。

到1921年初，大规模的国内战争虽然已经结束，但俄国经济已经处于崩溃的边缘，许多农民也起来反抗余粮收集制。列宁审时度势，决定实行主动退却，放弃战时共产主义政策。1921年3月，他向俄共（布）十大提出了“新经济政策”，被大会批准。1921年，“新经济政策”决定取消余粮收集制，代之以粮食税，农民的余粮可以自由支配；恢复自由市场和商品经济；将一部分小企业交给原来的业主经营或出租给外国资本家，等等。新经济政策的实施，使俄国的国民经济开始恢复，苏维埃政权得到了巩固。

从1921年开始，列宁步入了自己的晚年。本来，列宁的身体十分健壮。不幸的是，1918年8月，列宁前往一个工厂发表讲演，当他离开时，一名左派社会革命党的女刺客向列宁开枪。虽然经过医治，列宁很快得以康复，但由于弹头带有剧毒，这就给他的身体留下了严重的隐患。

纪念十月革命胜利的瓷盘

苏维埃政权建立后，列宁既是党的最高领袖，也是苏维埃国家的第一任元首，工作十分忙碌，真可以说是日理万机。由于列宁的工作压力过大，休息时间太少，加上体内弹头没有取出来，列宁的体质开始变坏，健康状况日益恶化。

1921 年全年，列宁总是受到剧烈头痛的无情折磨，还有神经衰弱。从 1922 年春开始，列宁的病情开始转重。他去克里姆林宫上班的日子越来越少，去莫斯科近郊的高尔克别墅的日子越来越多。4 月，医生从列宁的颈部取出了那颗子弹。此后，他很快恢复，又投身于建立苏维埃社会主义共和国联盟的事业中。12 月，他又一次瘫痪，从此失去了工作能力。

就在列宁患病期间，斯大林的地位和权力日益提高，逐步掌握了党政大权。

克里姆林宫

1922 年春，列宁为了提高党的办事效率，新设立了一个职位——总书记。4 月 22 日，经列宁提议，斯大林出任此职。起初，总书记只是一个技术性的职位，只是负责领导书记处，处理党的日常事务。在列宁的设计中，政治局负责解决最重要的政治问题，组织局负责解决组织问题，书记处（在总书记的领导下）负责解决一般性的问题。但是，问题在于：书记处的决定，如果没有组织局委员反对，就成为组织局的决议；如果没有政治局委员反对，就成为政治局的决议。因此，从诞生的那一天开始，书记处就可能作出重要决议。

当时，只有斯大林一人兼任三个重要职务：政治局委员、组织局委员和总书记。因此，斯大林得以逐步掌握了最高权力，并与列宁在一系列问题上产生了分歧。

红场

而且，乌克兰、白俄罗斯和外高加索联邦虽然都是由布尔什维克掌权，但在形式上依然保持独立。列宁打算再进一步，建立各共和国的联合体，各共和国在形式上平等，甚至有退出联合体的权力，斯大林则主张让各共和国加入俄罗斯联邦，他的亲信奥尔丧尼启则还因与格鲁吉亚领导人姆季瓦尼意见不一，揍了姆季瓦尼一顿。列宁知道后，勃然大怒，认为这是大俄罗斯沙文主义，准备撤销他的总书记职务。斯大林见势不妙，赶忙认错，并开始草拟共和国联盟成立宣言。

斯大林的个性比较粗暴。这一点，在他出任总书记后也没有改。有一次，他竟然对列宁的妻子克鲁普斯卡娅粗暴地大喊大叫。克鲁普斯卡娅吓得不知所措，简直要休克了。回家后，她号啕大哭。列宁知道后，十分愤怒，立即给斯大林写了一封信，要求他立即收回那些话，否则就与他断绝

国宝有秘密

关系。斯大林很害怕，赶忙道歉。

到1922年，列宁发现苏维埃制度和党已经退化，成为俄国社会主义事业最大的危险。当时，党和政府的机构出现了官僚司令，办事效率低下；实权都掌握在党中央手中，工农代表苏维埃成了摆设。列宁对此不能容忍，先后写下了《论工农检察院》《宁可少些，但要好些》等文章，试图扭转这些在他看来与社会主义格格不入的倾向，但也无济于事。

就在列宁患病期间，斯大林与托洛茨基的矛盾日趋激化。1923年，托洛茨基等46名党员联名给中央写了一封信，对中央的退化变质加以严厉抨击，并要求实行党内民主。斯大林也不甘示弱，通过党的会议无情地谴责了反对派，并发表了列宁关于搞派别活动就要开除出党的决议。

位于红场左侧的列宁墓

1922年12月，列宁又一次中风，不能工作了。即使在病榻上，列宁依然不放心，还在思考党和国家的大事。从1922年12月23日至1923年1月4日，列宁振作精神，悄悄地向自己的秘书口授了后来被称为“政治遗嘱”的几篇文章。在遗嘱里，列宁对自己的战友做了评价。他认为，斯大林当了总书记后，掌握了无限的权力，但不能肯定他能否永远十分谨慎地使用这一权力；托洛茨基很有才能，但过分自信，太热衷于纯粹行政方面的事情。列宁担心布尔什维克党会因为斯大林和托洛茨基之间的斗争而分裂，所以他建议增加中央委员的人数，以避免分裂，并免去斯大林的总书记一职。

不幸的是，1923 年 3 月 10 日，列宁又一次突然发病失语，从此完全脱离了政治活动。12 月中旬，根据斯大林的提议，中央委员会通过了一项决议：由总书记负责对列宁实行隔离治疗；禁止会见列宁；为避免列宁激动，禁止朋友和家属向列宁报告任何政治情况。从此，列宁被斯大林控制，完全失去了人身自由。

1924 年 1 月 21 日下午 6 时，列宁失去了知觉，脸变得十分苍白，体温迅速升高，在莫斯科近郊的哥尔克村去世。27 日，党和国家领导人在莫斯科为列宁举行了隆重的葬礼。

大流士一世称王之谜

在伊朗的克尔曼沙阿城东面，有个名叫贝希斯顿的地方，一条从埃克巴坦那通往巴比伦的古代商道贯穿其间，商道旁离地 150 米高的峭壁上，自古以来就存在着一幅巨大的浮雕。浮雕图案中心是位威风凛凛的胜利者，他头戴王冠，左手持弓，右脚踏着伏在地上的失败者；在他的身后，站立着两位身佩箭袋、手持弓箭和长矛的贵族。九名被俘的国王伏倒在他的脚旁，双手反绑，脖子上系着绳索，似乎正在狼狈不堪地向胜利者求饶；在胜利者的头上方，有一个扇动双翅的神在空中飞翔，表明胜利者的权力是神赐予的。浮雕的下面使用了三种楔形文字——巴比伦文、波斯文和亚述文，用长达一万五千余字记述了这位胜利者的功绩。铭文一开首便充满骄傲和自信："我，大流士，伟大的王，万邦之王，波斯之王，诸省之王……"这个图文并茂的浮雕让人们认识了两千多年前波斯帝国的一位英雄人物——大流士一世。

这是大流士一世宫殿的浮雕，图案十分生动精美

公元前 6 世纪，位于伊朗高原的波斯，在其首领居鲁士的率领下，迅速崛起成为一个强大的帝国，而这个帝国在居鲁士的继承者——冈比西斯手里，已面临着分崩离析的局面，连王位也要丢掉了。公元前 522 年 3 月 14 日，当冈比西斯在埃及的军事行动受挫时，在波斯国内的庇里什瓦德的阿尔卡德里什山地方爆发了高墨达暴动。高墨达是打着冈比西斯的弟弟巴尔狄亚的旗号起兵的（因为据说冈比西斯杀死其弟巴尔狄亚一事还不为人知；也有学者认为高墨达就是巴尔狄亚）。他自立为王，并号召各地人民（包括波斯人）拥戴他而抛弃冈比西斯。高墨达曾派人到各地去宣布免除三年兵役和赋税。暴动很快得到了包括波斯人、米底人在内的各地人民的响应，波斯帝国面临着全面崩溃的危险。正在埃及的冈比西斯得到高墨达暴动的消息后，即刻起身回波斯，却莫名其妙地死在半途。

高墨达夺了王位后，入住宫廷中，接管了冈比西斯的权力，杀死了许多以前认识巴尔狄亚的人。同时，也接管了前国王的全部妻妾。但让人奇怪的是，这位新国王总是深居简出，很少在公共场合露面，偶然露脸，也都是用东西紧裹着。他的这种举动引起了波斯贵族们的怀疑。冈比西斯的皇妃帕伊杜美的父亲欧塔涅斯就想探个究竟。按照波斯王室的规矩，皇妃平时在宫外住宿，定期入内宫陪伴国王。轮到帕伊杜美入宫时，欧塔涅斯吩咐她注意新国王有没有耳朵。因为高墨达在居鲁士当政时由于犯罪而被割去双耳。当夜帕伊杜美留心一看，果然新国王没有双耳，她迅速把这个

2500年前的波斯人头像

情况告诉了父亲。欧塔涅斯立即找到六名贵族同党，策划推翻这个假国王，其中就有冈比西斯的堂兄弟大流士一世。

七个人经过商定，决定由他们亲自率家丁及手下兵卒突然袭击王宫。没过几天，假国王的消息很快传遍京城，高墨达害怕京城内波斯贵族盘根错节，自己稍有不慎就会危及生命，于是决定离开京城，回到米底。大流士一世等人听到消息后，也尾随到了米底。在9月的一个宗教节庆日，大流士一世等人终于等到了机会，他们冲入宫内，经过一番激烈的厮杀，将高墨达和他的亲信斩尽杀绝。

阿契美尼德的天下虽然被夺回，但波斯帝国实际管辖的范围只局限于伊朗高原的部分地区，其他省份事实上已经独立，新生的、自封的国王多如牛毛，势力大的至少有七八个，波斯帝国正处于四分五裂、分崩离析的状态中。这样的局面为英雄人物的诞生提供了机遇，为伟大人物的出现提供了舞台，大流士一世正是在这个时候担任了强者的角色。在杀死高墨达等人以后，大流士一世等七人便商议选择哪种政治形式。在讨论中，有人主张采用民主政治，有人主张实行贵族寡头政治，而大流士极力要求建立专制统治，他认为民主制可能为坏人所利用，寡头政治则会引起派系倾轧。他提出“没有什么能够比一个最优秀的人物的统治更好了”。而这个最优秀的人是谁呢？七个人互不相让。最后决定，次日清晨除欧塔涅斯不参加外，其余六人乘马在市郊集合，看谁的马先嘶叫就由谁为王。

散会后，大流士一世苦苦思索，如何让自己的乘骑能在明日清晨最先嘶叫呢？他绞尽脑汁，毫无办法。忽然，他想起了自己的马夫，那聪明的马夫肯定有诀窍。大流士一世把自己的想法告诉了马夫，马夫只是笑笑，让大流士一世尽管放心。深夜，马夫选了一匹大流士一世的乘骑最喜欢的母马，拴在清晨将要比赛的地方。过了一段时间，再将马牵回。天明日出时，那精明的马夫随大流士一世乘马赴郊外。他左手插在裤子里，右手拉着马嚼子。待六人全到齐后，他迅速而自然地抽出左手，佯装抚弄马鼻子，那马激动不已，仰天嘶鸣。那五人见状，急忙翻身下马，跪倒在地，连称大流士一世为大王。原来，马夫临行前曾把左手伸入那母马的阴部待了一会，大流士一世所乘的马闻到了母马的气味，哪有不鸣之理?

大流士一世就这样，依靠手腕成了国王。他凭借自己的军事才能，从公元前522年9月到公元前521年12月，共打了十八次战役，采取以少数兵力实行各个击破的战略，斩杀和擒获八个暴动首领，终于扫灭群雄，平定天下，奇迹般地扭转了帝国摇摇欲坠、日趋瓦解的势头，重新统一了波斯帝国。公元前520年9月，帝国重新统一后十个月，大流士一世功成名就，踌躇满志，在从巴比伦去埃克巴坦那的旅途中，于克尔曼沙阿城以东32千米的贝希斯顿村旁的一块悬崖峭壁上刻石记功。

波斯帝国在大流士一世的手下重新崛起，成为一个横越中亚、西亚、小亚细亚、北非的强大国家，在波斯的历史上实属空前。两千多年以来，贝希斯顿铭文始终矗立山间，向人们展现着波斯帝国这位神秘的英雄人物——大流士一世。

斐力庇第斯与马拉松

马拉松是人们熟悉的一项体育运动，但对它的起源是希波战争引起的，却鲜为人知，而与它有关的英雄人物斐力庇第斯，更是一个悲剧性的人物。

来自周围国家和地区向波斯纳贡的人

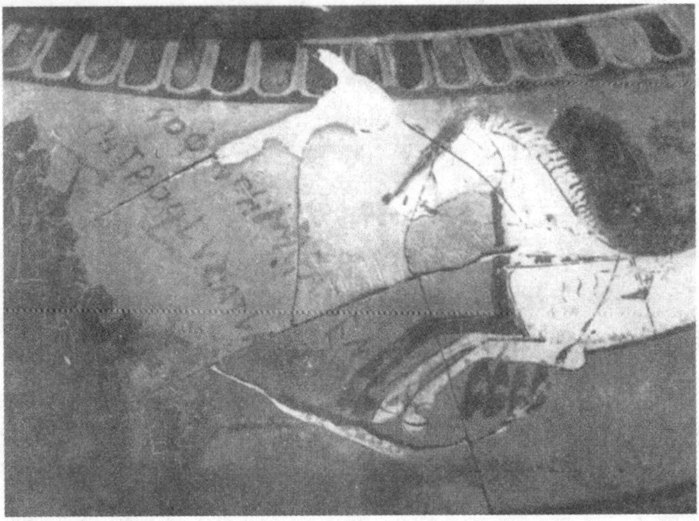

古希腊人正在兴致勃勃地观看运动会的赛马项目

位于现在伊朗高原的波斯帝国在大流士一世当政时期，对外不断扩张。大约在公元前 514 年，大流士一世侵占了爱琴海北岸的色雷斯一带，直接威胁到希腊半岛的各城邦。公元前 492 年的春天，波斯帝国派出大批战舰入侵希腊，历史上著名的希波战争爆发。不料波斯舰队在途中遇到了飓风的袭击，三百艘战舰全部沉入海底，两万余名士兵葬身鱼腹。波斯第一次入侵希腊的军事行动就这样失败了。

身着盔甲的雅典士兵

不甘心失败的波斯国王在第二年春天又派出使者来到希腊各城邦，扬言要希腊各城邦的“土和水”，言外之意是让这些城邦向波斯帝国俯首称臣。有些城邦迫于压力，只得献上“土和水”，表示屈服。但是希腊两个最大的城邦——斯巴达和雅典却坚决拒绝，雅典人把波斯的使者扔下了悬崖，斯巴达人则把波斯的使者带到了一口井旁边，对他说：“这里面有土又有水，你尽管下去拿吧！”说完，就把波斯使者推到了井里面。斯巴达和雅典的态度大大激怒了波斯国王，他决定对希腊进行第二次战争。

公元前490年，波斯国王大流士一世率领大军在雅典城东北60千米的马拉松登陆，亡国的危险笼罩着整个雅典城，雅典人立即派善于奔跑的斐力庇第斯前往邻邦斯巴达求援。这位快跑能手以惊人的速度，在两天之内跑了150千米的路程，来到了斯巴达。没想到却遭到斯巴达人的拒绝。斐力庇第斯忍耐着疲惫，又返回了雅典，把斯巴达的态度转达给雅典的将军们。雅典的将军们把全体公民组织起来，甚至把监牢的奴隶也释放出来，就这样也才聚集了一万人的军队，而强大的波斯据说有十万人，雅典的著名统帅米太亚对战士们说：“雅典城就要沦陷了，你们是想戴上奴隶的枷锁，还是要永远做一个自由人，就看今天这一战了。”快要亡国的雅典人斗志昂扬，在马拉松与波斯军队展开了激战。

激战刚一开始，雅典军队就首先占领了马拉松山坡的高地。这是一个三面环山的河谷，向下是一个大斜坡，站在高地上的雅典军队可以清楚地看到驻扎在平原上的波斯军队。一天清晨，雅典的精锐部队在米太亚的率领下，在一片喊杀声中直奔波斯军营，波斯军队仓促应战，雅典军边打边退，把波斯士兵引到了河谷地带，正在这时，雅典军突然喊声震天，从两侧的山坡上冲出了大量的士兵，对波斯军两侧夹攻，把波斯军打得落花流水，雅典人取得了胜利。为了把这胜利的消息传到雅典城，米太亚将军又选中了斐力庇第斯。这位长跑能手虽然在战场上受了伤，但还是毅然接受了任务。他以飞快的速度从马拉松跑到了雅典广场，向着焦急的人们说了一句:“大家欢乐吧，我们胜利了!”就倒在地上牺牲了。

马拉松战役的胜利，迫使波斯帝国订立了和约，承认小亚细亚各希腊城邦的独立，使希腊摆脱了波斯帝国的奴役，经济上走向繁荣。为了纪念马拉松战役的胜利和英雄斐力庇第斯的功绩，1896 年在雅典举行的第一届奥林匹克运动会上，增加了一个新的运动项目——马拉松赛跑。参赛的运动员从马拉松起跑，沿着当年斐力庇第斯经过的路线，到达雅典，全程 40. 2 千米。1920 年，经确切的测量，确定为 42. 195 千米。

在充满竞争和欢乐的奥林匹克运动会上，人们在享受马拉松运动时，希望也能想起这位希腊的英雄人物——斐力庇第斯。

彼得三世死因之谜

1742 年，在彼得大帝死后的第十六个年头，他的女儿伊丽莎白坐上了王位。次年，她确立胞妹的儿子彼得·费多罗维奇为皇位继承人，称号为彼得三世。

彼得三世的母亲是彼得大帝在打败瑞典后，为了获得整个波罗的海的海域控制权，而实施的外交政策中的献身者。当时，波罗的海沿岸最大的国家是德国，彼得大帝就把自己的一个女儿嫁给了德国的一个亲王。伊丽莎白登基后，因膝下无子，就将胞妹的儿子彼得三世过继到自己门下。

彼得三世从小生活在德国，是普鲁士军事制度和德国文化的狂热崇拜者，对俄国没有丝毫的感情。他头脑简单，懦弱无能，却非常狂妄自大，是一个不折不扣的大草包。

由于对德国的特殊热爱，在未来皇后的人选上，他挑选了一个德国小公主作为自己的未婚妻。没有料到的是，这个美丽的小公主却使他的命运在后来发生了翻天覆地的变化。小公主的名字叫叶卡捷琳娜。

叶卡捷琳娜原名索菲亚·奥古斯特，1729 年出生于德国一个已经破落的公爵家庭。她聪明伶俐，善于察言观色，讨人欢心。当她得知自己被选定为俄国未来继承人的未婚妻后，立即在母亲的陪同下，随彼得三世来到俄国，随身仅带了“两三套外衣，一打衬衫，一打袜子和手绢”。由于她的名字与彼得大帝的姐姐索菲亚相同，所以就给她取了一个俄国名字——叶卡捷琳娜。

为了在将来能成为一个称职的皇后，叶卡捷琳娜开始学习俄语和俄国宫廷的规矩。凭着聪颖和勤奋，她很快就学会了俄语，并阅读了大量的书籍，详细了解了俄国的历史与风俗习惯，还改信了东正教，赢得了宫廷上下的交口赞誉。据说，当她在弥撒活动中用标准的俄语虔诚地朗诵东正教誓言时，竟使在场的大主教和众教徒都感动得流下了眼泪。她的确是一个非凡的女子。

1745 年 8 月，叶卡捷琳娜与彼得大公正式成婚。但女皇伊丽莎白却并不信任她，经常派人对她的行动进行监视。叶卡捷琳娜虽然对此心怀芥蒂，却从不表露出来，反而更加勤奋地读书和学习治国之道，更加殷勤地侍奉女皇，同时不放过任何的机会，周旋于宫廷上下，在政界与军队中扶植与培养自己的势力。

彼得三世与叶卡捷琳娜

1761年，彼得大公正式继承皇位，称彼得三世。当时的俄国由于政局长期动乱，社会各界人心思定。但彼得三世治国无章，想起什么是什么，随意地更改俄国现行的制度与法令。尤其是他采取的一系列改善下层人民生活的措施，触及和损害了贵族与教会的利益，引起他们的强烈不满，遭到了大地主和大贵族的反对。在外交关系上，彼得三世草率地与德意志签订了停火协议，使得俄国许多到手的利益付之东流，引起了政界和军界的强烈反对。尤其是在伊丽莎白的国葬日中，彼得三世的表现更是令世人不满。他不仅没表示出悲伤，反而一副无所事事的样子，更公开对葬礼所进行的仪式表示蔑视。叶卡捷琳娜却一副母仪天下的样子，她身着丧服，心情沉重，严格遵守教会的祈祷和斋戒制度。两人的行为形成了鲜明的反差，不知不觉中，叶卡捷琳娜赢得了更多的人心，而彼得三世逐渐丧失了更多的人心。

万事俱备，只欠东风，叶卡捷琳娜潜在的野心被一步步激发出来。1762年，为准备发动对丹麦的军事进攻，彼得三世离开彼得堡到奥拉宁堡，叶卡捷琳娜抓住时机，发动了宫廷政变。在她的亲信——皇家近卫军军官奥尔洛夫兄弟的支持配合下，叶卡捷琳娜身着戎装，在一片“女王万岁”的欢呼声中，率领装备精良的近卫军团浩浩荡荡地开向彼得堡。彼得三世闻讯后匆忙返回，可一切都成定局。叶卡捷琳娜拒绝了与彼得三世平分政权的要求。可怜的彼得三世，继位不到一年就不得不宣布退位。

一周后，彼得三世就莫名其妙地死了。民间传出有关他的死因的种种猜测，很多人认为他是被皇后叶卡捷琳娜勾结贵族刺杀了。但也有很多人不相信彼得三世死了。

1793 年 9 月，在顿河和乌拉尔河一带，人们议论纷纷，都传说彼得三世没有死，就隐藏在哥萨克中间，后来证明这个彼得三世是俄国著名的农民起义领袖叶米里扬·普加乔夫假冒的。时光流逝，一个朝代接替了又一个朝代，彼得三世的死因，在俄罗斯的宫廷历史上一直是个谜。

《源氏物语》的作者之谜

在日本文学史上，有一部著名的作品——《源氏物语》，它是平安时代物语文学的典范。作为完整的长篇巨著，它不仅是日本文学史上最早的，在世界文学史上也是最早的第一部长篇写实小说。在日本，许多的美术作品和影视题材，都是以《源氏物语》为蓝本而创作的。就是这样一部巨著，它的作者是谁，在学术界还有很大的争议。

《源氏物语》全书共五十四回，近一百万字。日本源学家认为它约撰于 1001 年至 1008 年之间。全书以桐壶天皇的庶子光源氏为中心，叙述了他祖孙三代七十年盛衰升沉的事迹。故事中出场的人物有四百余人，其中给读者留下鲜明印象的有二三十人。人物以上层贵族为主，也有下层贵族，乃至宫妃侍女、平民百姓。作者对其中的大多数人物是比较熟悉的，对他们的生活背景描写得细致入微，对人物的个性差别和形象都表现得栩栩如生，具有很强的艺术感染力。

此外，《源氏物语》在结构上也很有特色。前半部四十四回以光源氏为主人公，后半部十回以薰君为主人公，叙述了复杂的人物纠葛和纷繁的事件。可以说《源氏物语》既是一部完整的长篇巨著，也可以分成相对独立的故事。

《源氏物语》在题材方面，颇似中国唐代的变文、传奇，宋代的话本，它采取散文与韵文结合的形式，以散文为主，织入了八百首和歌，使歌文融为一体。作者是一个对中国文学有相当研究的学者，书中广泛地运用了汉诗文，引用白居易的诗句就达一百零六处。书中还大量引用《礼记》《战国策》《史记》《汉书》等中国古籍中的史实和典故，并把它们恰当地编排在故事情节之中，使整个作品在叙述日本宫廷生活的同时，还散发出浓郁的中国古典文学的气息。

《源氏物语》中的插图

这样一部文学巨著究竟出自何人之手，在日本学界众说纷纭。一说前四十四回是年轻女作家紫式部所作，后十部由其女儿贤子续补；一说是紫式部的父亲创作大纲，由紫式部协助完成；还有一种说法认为整部书成于紫式部之前，紫式部只是完成了修订工作。

紫式部到底是怎样的一个才女，能完成如此巨大的著作？如果了解了紫式部的生长背景，就不会惊讶这样一部巨著会出自于一位女子手下。紫式部的家庭是日本藤源氏家族的一个支派，属于世代书香门第。她的曾祖父、祖父、伯父、父亲和兄长都是日本历史上有名望的“歌人”，他的父亲还擅长汉诗文。紫式部幼年时就聪颖过人，有“才女”之名。她在父亲的教育下，学习汉诗和中国先秦、唐宋文学，对白居易的诗歌研究精深。有一次，紫式部的父亲叫儿子背诵司马迁的《史记》，还未等哥哥背完，紫式部就已经在一旁滔滔不绝地背起来，她的父亲很惊讶，感叹道：“可惜你没能生为男孩，若是一个男孩就好了！”父亲的一番话并没有影响紫式部的发展，相反紫式部长大以后，在文学上涉猎的范围更广了，对音律、佛经也有了很高的造诣，她的思想受儒学和佛学的影响很深，这些也都直接影响到了她的文学创作。

二十二岁那年，紫式部与曾任地方官的中等贵族藤原宣孝结婚，藤原氏比她年长二十六岁。当时日本盛行一夫多妻制，紫式部与藤原氏结婚时，藤原氏已经有三个妻子，作为后妻的紫式部在家中根本没有地位，因而她的婚姻生活是不愉快的。更为不幸的是，紫式部在婚后两年多丈夫就去世了。作为小妾，紫式部无权继承丈夫的遗产，她只好带着女儿贤子，靠父兄微薄的接济，过着凄苦的孀居生活。对不幸婚姻的亲身体验，使紫式部懂得一夫多妻制下贵族妇女的痛苦，这种对当时贵族妇女的同情反映在《源氏物语》中。

《源氏物语》是一部反映宫廷生活的长篇小说，有人认为紫式部根本没有机会去体验宫廷生活，也无从搜集那么多的素材。但是如果进一步了解紫式部的生活经历，这种怀疑就会被化解。紫式部的博学和为人，在年轻时就很有名，大贵族藤原道长为了把自己的女儿彰子培养成一个有文化修养的大家闺秀，曾专门邀请紫式部陪伴女儿彰子。后来彰子成为一条天皇的皇后，紫式部自丈夫去世后，也被彰子召进宫中，担任她的侍从女官。她给彰子讲解《白氏文集》（即白居易的诗文集《长庆集》）和历史著作《日本书记》。她的才华受到天皇和彰子的赏识。由于与彰子皇后的经常接触，紫式部逐渐熟悉了宫廷中的生活，并认识到宫廷的种种黑幕，看到了形形色色的人为权力而奔波的举态，这些都成为《源氏物语》极好的素材。

所以无论从紫式部的学识、生活经历，还是《源氏物语》的内容及写作方法上，都完全有理由相信正是这位伟大的女作家，为日本，也为全世界留下了一份宝贵的文化遗产——《源氏物语》。

瑜伽术之谜

历史上流传着大量有关瑜伽术的神奇故事。据传说有的瑜伽师能深埋于地下上百年而不死，这种传闻是真是假呢？如果是真的，印度瑜伽术的神奇能力又是从哪里来的呢？关于印度神奇的瑜伽术，人们有着太多的疑问。

据记载，17 世纪 50 年代，在印度西北阿姆利则的郊区，几个工人在开掘沟渠的时候进入了一座墓地。在墓地里面，他们发现了一个木乃伊。这是一个身穿暗橘黄色长袍、盘腿而坐、衣服布满灰尘的年轻瑜伽师，他们经商量后，决定把这具尸体带到地面。尸体带到地面上后，神奇的事情发生了，当阳光照到这具尸体干枯的皮肤上的时候，它慢慢发生转变。最后，这个年轻的瑜伽师活了过来。

瑜伽坐姿

这个年轻的瑜伽师自称他是在 100 年前自愿下葬到这里的，名字叫拉瓦斯瓦密。拉瓦斯瓦密的故事引起了人们的质疑。著名的历史学家安朱恩特意来到阿姆利则，用各种历史问题向这个来自一个世纪前的身份不明的瑜伽师请教，以此来学习一个世纪前的生活，并想核实这位瑜伽师的身份，结果安朱恩打消怀疑满意而去。拉瓦斯瓦密还受到了很多类似安朱恩的考察，不过结果都很令人满意，后来就再也没有人质疑他的身份了。

瑜伽是印度哲学的一个学派，它不同于宗教，与武术和气功也有区别。练瑜伽术通过把注意力集中到某一个个体形象、声音或者动作，然后冥想达到忘我境界。印度很流行瑜伽术，练习者非常多。但是要想练到瑜伽术的最高层次是一件很困难的事情。

科学家们也很关注瑜伽术的神奇。从 1985 年到 1987 年，印度的乌台普尔土邦医学科学院的医生与国际著名的心脏专家对瑜伽进行了一次综合考察。这个考察进行得全面深入。一位名叫萨帝亚莫尔帝的瑜伽师在众目睽睽之下被人们活埋了整整八个昼夜，这位瑜伽师出来的时候，安然无恙。

印度瑜伽术的神奇故事不断上演，也有许多学者对此进行着研究，但是印度瑜伽术的神奇能力到底来自哪里？是怎样产生的？迄今为止，都没有科学的原理能够对上述问题加以解释。

波提切利是否是肉欲主义者

众所周知，15 世纪的意大利是欧洲文艺复兴的中心。当时的人文主义者否定神权及其来世主义、禁欲主义，提倡人权，赞扬人的价值，肯定人自己以及现世的生活理想，把个性自由、理性至上和人性的全面发展作为生活的最高理想，给意大利整个社会带来了前所未有的思想解放和艺术繁荣。在社会生活中，意大利人早已失去了当年对宗教的虔诚。他们嘲笑纯正的宗教，挖苦基督徒，目无神明达到极点。即便当时看来是最严肃、最庄重的宫廷和教廷，在狂欢节时也肆无忌惮地举行裸体赛跑，举行生殖与性爱之神帕利阿卑的庆祝会。

对于当时的每位艺术家而言，在为理想而作画之前，都必须是一位肉欲主义者。他必须知道并热爱身体，认为肉体是美感的最终来源和标准。意大利文艺复兴的先驱波提切利（1445—1510）就是这种艺术生活的实践者和成功者。

波提切利出生于意大利的佛罗伦萨，幼年时随金银匠学艺，后成为僧侣画家利波利比的门徒。著名艺术家马萨乔对他也有较深的影响。当时的人们描绘波提切利是一个阴郁的人，长着深邃的眼睛、突出的鼻子、敏感多肉的嘴唇和浓密的头发，经常穿戴着紫帽、红斗篷和绿色的皮带。谁能想到这样一个人，竟然创作出许多细致精巧的画作。据载，波提切利大约在1470年开始开设作坊，并受到当时很多权贵的赞助。他在很多家庭中画了很多裸体的妇女，并因此被指控生活严重不轨。人文主义思想和动物精神确实曾使他迷上享乐主义哲学，但是他从中感受更多的是人的生命力的旺盛与珍贵。因此，他在作品中主要追求生命力和诗意的表现。

波提切利眼中的“完美女人”

维纳斯是爱与美的女神，掌管着人类的爱情、婚姻、生育及一切动植物的繁殖生长。关于维纳斯的出生，根据希腊神话，当克洛诺斯把父亲乌拉诺斯的生殖器阉割了投入海里时，从海水泡沫中就诞生了维纳斯。波提切利的《维纳斯的诞生》纵175厘米，横278厘米，创作于1486年。据说取材于利齐亚诺于1475年写的一首长诗。画中裸体的维纳斯从海水的泡沫中出世，踩着一片海贝，神态羞涩。翱翔在天上的风神鼓起翅膀，向她吹风，把她吹往塞浦路斯岛。岛上，迎接她的果树女神从林中走来，准备为她披上花衫。在广阔的天空与淡蓝色海洋的衬托下，维纳斯的长发闪烁着金色的光辉，温柔的海风把它梳理得具有一种特殊的韵律感；纤长的身体略显柔弱，那似乎毫无重量感的双脚营造出一种轻盈飘忽的境界；面容带着无邪的稚气，一双出神的大眼睛充满了迷茫和哀伤。

据艺术史家们研究，波提切利在创作这位多愁善感、肌肤细腻的维纳斯的姿态时，曾经参考了美第奇家族收藏的古代雕刻《羞怯的维纳斯》，而相貌则带有当年红颜薄命的佳人西蒙奈塔的影子。这位美人十六岁嫁给佛罗伦萨的委斯普琪，不久被佛罗伦萨的统治者美第奇家族的朱里安诺看中，据为己有。二十二岁时，她在美第奇家族举行的选美大会上一举夺魁，不幸却在第二年暴病身亡。出殡时，她躺在没有棺椁的车上，车周围撒满了鲜花，市民们观看后无不哀叹惋惜。两年后，朱里安诺又被政敌暗杀。波提切利在创作《维纳斯的诞生》时，这些事变仅仅过去了两三年。

文艺复兴时期，大部分画家热衷于解剖学和透视学的研究，波提切利却不太重视这种科学的真实性。在他的笔下，维纳斯的颈部和手臂，按照解剖学看都过长，却增加了优雅的魅力。海波、树木和衣服上的花朵都倾向于图案化，极富装饰之美。他没有强调立体和透视感，人物均以明晰的线条造成浮雕式的效果，特别是那头金色的长发蜿蜒回旋、随风飘展，展示了运用线条的出色艺术功底。在他的笔下，线条是一种穿透性很强的武器，富有可塑性，它使画面上的人物、景物犹如浮雕一样突出在画面上，光洁无比而又十分坚实。正是凭借这种笔法，波提切利把维纳斯塑造成了一位袒身含羞的圣女。

除《维纳斯的诞生》外，波提切利的《圣·塞巴斯蒂安》《春》以及为但丁《神曲》所画的插图均显示出独特的艺术个性，那温柔静谧的主题是对古典艺术的新理解，那些优美的线条蕴涵着一种魅力无穷的节奏。但是由于背离古典主义传统，在他死后几百年中，其艺术一直不受重视，直到19世纪浪漫主义运动中，人们才开始推崇他的线描风格和高度的幻想式情感。人们不再津津乐道于他的肉欲主义，开始认识到他像我们一样有许多面，会根据情况的要求而显出另一个自我。这个自我就是对人体美感的独特理解和匠心独运的处理。

达·芬奇是否是同性恋

尽管现代社会人们的思想已经宽容了许多，但仍有很多人觉得同性恋者及其行为不可思议。然而在文艺复兴时期，人文主义者以一种学者的热情来描述同性恋，以至于有的学者判断这些人文主义者都有同性恋的癖好。当时在罗马、那不勒斯和威尼斯等地，同性恋者非常多。威尼斯当局在每个区指派了两个人负责制止这种行为，并宣布凡是男扮女装或女扮男装的都被视为犯鸡奸罪者。1492 年，一位贵族和一位牧师被判从事鸡奸行为，竟然因此被枭首示众，尸体还被当众焚毁。这算是极少见的激烈的处罚。不过，在文艺复兴时期的意大利，同性恋者较往常为多，就连巨匠达·芬奇（1452—1519）也未能脱俗。

达·芬奇出生于意大利佛罗伦萨六十英里外的一个叫芬奇的小村子里。生母是一个农家女，在他出生后不久就与另外一位手工业工匠结婚了。父亲是一位稍有资产的律师，在达·芬奇出生那年新娶了一个与他有同样社会地位的女人。达·芬奇在临近一所学校上学，喜欢算术、音乐，特别喜欢绘画。为了画得更好，他好奇而有耐性地研究所有事物的本质。当他年满十五岁的时候，他的父亲把他送到当时享有盛誉的画家、雕塑家韦罗基奥的画室学画。他在这里接受了多方面的训练，不仅有绘画和雕刻，同时也包括机械制作技术。在这期间，年轻的达·芬奇在他的老师韦罗基奥的圣坛画《基督受洗》上所画的两个披衣的天使，就表现出胜出老师的艺术才华。据说，他的老师为此放弃了绘画，潜心致力于雕刻。

也正在这个时期，达·芬奇的父亲发达起来了。他带着财物举家搬到佛罗伦萨，而且先后娶了四个妻子。他父亲娶进第三个妻子时，还带来一个孩子。为了缓和家庭的拥挤状况，达·芬奇就搬出去与韦罗基奥同住。达·芬奇是个私生子，从小就在没有母爱的环境下被抚养大，与后母的关系很不融洽。当他日渐成人时，父亲却忙于娶亲，忽略了他的存在。由于私生子这个特殊的地位和家庭的特殊环境，达·芬奇开始厌恶女人，因为他觉得是女人使他沦落到没有情感寄托的地步。受文艺复兴习俗的影响，他开始拈花惹草，只是这些花草都是雄性的。

在当时的意大利，同性恋很普遍。但是达·芬奇却因为同性恋行为而受到公诉，甚至被拘捕，这使他至死都难以释怀。就在他二十四岁生日的前一周，他和三个年轻人被佛罗伦萨领地一个委员会传唤，出庭答辩对他们同性恋行为的指控，出庭的结果无人知晓。1476 年 6 月 7 日，有关他同性恋行为的指控再次被提出，该委员会只得将达·芬奇暂时监禁起来，随后因为没有证据，就撤销控诉，释放了他。达·芬奇之所以因为同性恋行为而引起法律问题，可能是他的行为过于张狂。但是他并没有因为这两起公诉而有所收敛，只要他拥有自己的画室，他就聚集很多英俊的青年人跟他在一起，并带着他们中的一些人从一个城市迁移到另一座城市。在他的草稿中，他称他们中一两个为“最喜爱的”“最亲爱的”。

《达·芬奇自画像》

就像我们前面所说的，达·芬奇的同性恋生活并不是天生的。在经历了没有感情滋润的早年生活后，他需要接受与施与感情。而这些他在日后搜罗英俊的年轻人时获得了满足。同每一位艺术家、作家及同性恋者一样，他有着不寻常的自负、自觉和敏感。他认为“假如你是孤单的，那么你是完全属于你自己的；如果与一位同伴在一起，那么你就只有一半是属于你自己的了”。当然同性恋的生活还不能完全说明达·芬奇对女性没有任何兴趣。尽管在他的全部手稿中，他对于妇女的爱与温柔只字未提，但是他非常了解许多阶段女性的特点，在描绘处女的纤美、母亲的忧虑和女性的精妙上，无人能凌驾于他之上。在他的素描中，也出现了很多的女性形象。如有一百位青年，其中半数以上是热情的妇女；有一百位端庄温柔的美丽少女，秀发在风中波浪起伏。

这就是一个真实的达·芬奇，一个并非天生的同性恋者，一个崇尚孤独但仍对异性有着复杂感情的奇特的绘画天才。

达·芬奇偏爱《蒙娜丽莎》之谜

如果说文艺复兴时期是产生巨人的时代，那么意大利的达·芬奇（1452—1519）则是巨人中的巨人。他不仅是大画家，同时也是大数学家、力学家和工程师，是当时“全面发展的人”的完美典型。达·芬奇认为人是最神圣之物，人体是自然中最美的对象。他经过精密的测量得出结论：人体各个部分之间的比例，都是整数的比例，称之为“神圣的比例”。达·芬奇说：“谁不尊重生命，谁就不配有生命。”正是这种人生哲学使达·芬奇的艺术水平在体现人文主义思想和掌握现实主义手法上都达到新的高度，塑造出一系列无与伦比的艺术典型。《蒙娜丽莎》以一个年轻女性温文尔雅的微笑，揭起了人性觉醒的旗帜，赞颂了生命的可爱，表现了艺术家对女性美和人的精神生活的赞赏，被誉为世界美术杰作之冠。

达·芬奇的三幅最著名的女子肖像画之一《切奇莉亚·加拉拉尼》

据载，达·芬奇一生中对两幅画倍加珍爱，始终随身携带，晚年赴巴黎时也不离左右。他逝世后，这两幅画也就留在了巴黎。这两幅画，一幅是《圣母子与圣安娜》，另一幅就是《蒙娜丽莎》。

《蒙娜丽莎》是一幅肖像画，创作于公元1503~1506年，纵77厘米，横53厘米，现收藏于法国巴黎的罗浮宫。画中人物坐姿优雅，笑容微妙，背景山水幽深苍茫，这是达·芬奇首创的烟雾状笔法的极致。在他笔下，人物的骨骼和肌肉都很结实，可是轮廓线常常消失在若有若无之间，使人仿佛罩在一层烟雾之中。按照中国古代画论的说法，这正是一种“气韵生动”的要求。对于人物面容中眼角唇边等表露感情的关键部位，他特别着重掌握精确与含蓄的辩证关系，达到神韵之境，从而使蒙娜丽莎的微笑含义无穷。

几百年来，人们讨论最多的就是这张脸上的微笑。不同的观者或者在不同的时间去看，感觉似乎都不相同。有时觉得蒙娜丽莎笑得舒畅温柔，有时又显得严肃，有时又好像略带忧伤，甚至有时显出讥讽和揶揄，所以这幅画又常常被称作《永恒的微笑》，以其神秘感而为人们津津乐道。

在渺茫宛若梦境的背景山水处理上，精通透视学的达·芬奇偏偏使左右两面在透视角度上有微妙差别。当我们集中看左边时，觉得远景下降而人物上升；当我们集中看右边时，觉得远景上升而人物下降，人物五官的位置似乎也在变动之中，从而增强了画幅灵通幻变的气氛。

15世纪意大利肖像画最初多为侧面像，后来有极少数正面像和四分之三折角度的侧面像。这些画往往上半身只画到胸部为止。有时为使观众看到画中人物的手部，被画者不得不把手举起来。达·芬奇在《蒙娜丽莎》中打破这一惯例，使画幅的下端延伸到腰部，以便描绘她那弯曲的肘部和双手。她的双手放松而舒展地叠在一起，头部、手部和躯干结合成一个统一体。这种全新的肖像画样不仅迅速为意大利和北欧画家所采用，一直风行到19世纪，也使我们有机会欣赏《蒙娜丽莎》那只被誉为美术史上最美的右手。与现代精巧的摄影相比，人们可以看出这只手更有立体感，更富于表现力，也更多地显示了艺术家的劳动印记。

据研究，画中的蒙娜丽莎是佛罗伦萨商人焦孔多之妻，当时年约二十四岁。达·芬奇为了唤起她发自内心的微笑，曾经让人在旁边为她奏乐，请小丑讲笑话。也有人说，请来乐队是为了消除她丧婴的哀伤。不过，达·芬奇为此画工作数年，并且始终没有把画交给画主而是留在身边，显示出他对这幅画的加工已经超过了一般的肖像画，寄托了他对人像理想典型的创造。在如此长的时间里，不仅有间歇，人物也会有心情上的变化，所以根本无法使人物保持同样欣悦而自然的表情，这也显示了达·芬奇敏锐的观察力和鲜明的视觉记忆力。

即便《蒙娜丽莎》达到如此完美的程度，达·芬奇仍旧没有满足，而是进行了一些修改。从后人摹本来看，蒙娜丽莎是坐在阳台矮墙前两根大理石圆柱之间的椅子上的。可是不知什么原因，画幅两边竟然被后人裁去，以致现在的画面上，左右两根圆柱已经不见了。这多少让人觉得有些遗憾。

对于达·芬奇为什么如此偏爱《蒙娜丽莎》，著名的心理学家弗洛伊德曾经有过一番很有意思的分析。在他看来，以文艺复兴时期的标准来衡量，蒙娜丽莎算不得特别美丽，不可能对达·芬奇产生太大的吸引力。他认为，在这幅画中，蒙娜丽莎的存在离不开周围的山水风景，她的形象已经跟阳台、山水等融合成为统一的整体，她那垂落在右肩上的头发连接着一条弯曲的小路，左肩半透明的纱披肩连接着一座小桥，这些朦胧的意境似乎是通往那些不可知和徒劳无益的境界，也许反映了五十多岁的达·芬奇对女性的心态，即对女性爱恨交织的复杂心理。或许弗洛伊德的这番论断有助于揭开隐藏在《蒙娜丽莎》中达·芬奇的思想感情和纯属个人隐私的因素吧！

永恒的微笑——《蒙娜丽莎》

《蒙娜丽莎》这幅画在20世纪所产生的巨大影响也许是任何人所没能预料到的。据记载，法国前总统戴高乐每当情绪低落时，就驱车前往罗浮宫欣赏《蒙娜丽莎》。当他从展览馆出来时，就显得神采奕奕、春风满面。名画的魅力竟然如此奇妙！这幅名画曾经一度被盗，当时法国人视此为国难，据说为此悲痛欲绝、精神失常的有上万人。当局成立了数百人的侦缉小组查案，结果是被一个在美术馆内做工的木匠偷走的。他认为达·芬奇是意大利人，所以名画应该回到自己的祖国。由于失而复得，这件无价之宝更显得珍贵无比。美术馆特制一个防弹玻璃柜将它保护起来，成为镇馆之宝，多年来吸引了大量来自世界各地的游客。据统计，仅1991年，参观者就达到六百三十四万人次。

同时，不少艺术家、商人仍然念念不忘利用《蒙娜丽莎》的魅力为自己获利，不惜将她动人的形象从艺术殿堂里请出来，变成他们所需要的各种形象。达·芬奇如果地下有知，一定会啼笑皆非。

米开朗基罗终身未娶之谜

文艺复兴是产生巨人的时代，米开朗基罗（1475—1564）就是其中的一个。他兼具画家、雕塑家、工程师、建筑师和诗人等多种身份，是一个多才多艺、全面发展的人。但是，很少有人了解他的性格。据记载，他妒忌心极强，不能忍受任何不合他个人心意的事情。尤其让人不解的是，米开朗基罗竟然终身未娶。

米开朗基罗之所以终身未娶，有人认为是由于他醉心于艺术，把自己的整个身心都用在了艺术上。他的朋友皮翁博曾经说："你这种令人担心的行径对别人并无害处，只是因为你浸淫于那伟大的工作，才使你让人觉得可怕。"皮翁博所说的"那伟大的工作"当然是指米开朗基罗的艺术创作。正因为他对艺术全身心的投入，他穿旧衣裳，经久不换，直到那件衣服几乎成为他身体的一部分为止。他不洗澡，只是把身子擦干净而已。他虽然有钱，却过着穷人的生活，没有闲暇的时间来享受艺术给他带来的巨大财富，创造艺术就是他最大的享受，因此他经常就近取食，有时甚至靠啃面包皮过日子。在博洛尼亚时，他跟三个工人同居一室，同睡一床。他往往和衣而睡，甚至连那高筒靴也不脱。在某些季节里，由于他穿靴不脱过久，以至于一脱下来，连皮也跟着皮靴脱落。也许正像人们说得那样，他不想脱掉，只因为还得再穿

《米开朗基罗自画像》

上。在卡拉拉时，他整天从清晨起就骑在马鞍上，指挥采石匠和筑路工人；晚上就在小屋里的灯光下研究计划，计算花掉的和需要的经费，准备明天的工作。他有时也会显得懒散，之后又是创意勃发，把一切都置于脑后，即使罗马城被攻陷了也不顾。当有的教士对米开朗基罗未婚无子感到遗憾的时候，他回答说："我在艺术上有个很好可是受不了的妻子，她已经给了我够多的麻烦。我的孩子就是我将留下的那些作品，即使他们不很值得的话，至少也会存留一段时间。"

也有人认为米开朗基罗之所以终生未婚，是由于其貌不扬，导致他有很强烈的自卑情结。在文艺复兴这么一个讲究容貌漂亮和仪容的时代，米开朗基罗是个最不受人喜欢的人物。他中等身材，双肩宽阔，躯体瘦削，头大，眉高，两耳突出面颊，脸孔长而忧郁，鼻子低扁，眼睛虽锐利却很小。可以说，他的长相非常糟糕，不讨人喜欢。因此除了劳动筋骨外，他非常喜欢孤独。他不怎么喜欢漂亮女人，屋里有女人他就受不了。他也画女人，但总是画成熟的女人，而不是那种妩媚的少女。

米开朗基罗的传世杰作——《大卫》

当时很多艺术家都认为女人的肉体是美的体现和源泉，他却对女人的肉体美无动于衷。与他曾经保持一段友谊的是在1542年他结识的维托利亚·科隆纳。那时，米开朗基罗已经六十七岁，科隆纳五十岁。但是科隆纳认为自己仍然属于已经死去十七年的丈夫，这就注定了他们之间的交往只是一种精神上的友谊。

她在给米开朗基罗的信中写道："我们的友谊是不变的，我们的爱情也是真挚的，它有基督教的结加以束缚。”她送给他一百四十三首诗，他的回答充满爱慕和热情，但也充满了文学的幻想。他们碰面时，讨论艺术和宗教，使他长期存在的悲观情绪消失了。

她为他祈祷，希望他永远不再是他们相遇前的他。1547 年，科隆纳死了，从此以后米开朗基罗有很长一段时间里好像是精神错乱，甚至消沉，他自责在她生命的最后时刻，他没有吻她的脸和手。

看来，尽管米开朗基罗相貌丑陋，有自惭形秽的心理，但并不表明他不喜欢女人，他喜欢的也许是能与他的精神世界相沟通的那类女人。庆幸的是，在他对女人一直漠不关心的时候，科隆纳闯入了他的精神世界。残酷的是，他们的精神友谊持续的时间并未久长。

还有的人认为米开朗基罗之所以终身未娶，是由于他是个同性恋者。由于他对女人有一种天生的畏惧心理，他宁愿与男的做伴或画画，以至于有人怀疑他是同性恋者，但这证据并不充足。

有的人还举出米开朗基罗诗集中有一首献给年轻人的情诗，以此来证明他是个同性恋者。这个年轻人叫托马索·卡瓦列里，是一个以绘画当消遣的罗马贵族。大约在 1532 年，他来到圣安杰洛学习，并以自己英俊的外表和优雅的仪态迷惑住了米开朗基罗。米开朗基罗爱上了他，写情诗给他，坦率地吐露自己的爱慕之情，致使后人将米开朗基罗与达·芬奇并列为历史上最著名的同性恋者。

其实，在文艺复兴时期，这种男人对男人示爱的情形很普遍，女人之间也是一样。他们所使用的语言是当时诗和书札体的一部分，我们很难就此断定米开朗基罗是个同性恋者，并确信这是他终生未娶的主要原因。

看来，要想弄清米开朗基罗为何终生未娶，并不是一件容易的事。有时历史很简单，但是一旦遇到好事者，就变得愈发复杂和扑朔迷离起来，米开朗基罗终生未娶的原因大概就属于此类。“天下本无事，庸人自扰之”，其实米开朗基罗终身未娶这件事并不重要，也不值得人们去刻意探究，重要的还是他在人类文化发展史上的重大贡献，永远值得后人铭记。

安徒生是否是落难王子

在丹麦首都哥本哈根，有一个著名的雕像《海的女儿》，它不仅给人们带来了美的享受，还向人们讲述了一个美丽的童话故事：

在一个万籁俱寂的月夜，海面上浮出一位美丽的人鱼公主，她慢慢地游向海岸。她是那么地向往人世间的生活，渴望能与自己心爱的王子结婚。这位勇敢的公主毅然抛弃了在海底能活三百年的生命，服下了巫婆煎的含剧毒的药物。她感到就像有一把利刃劈开了她柔弱的身体，当即昏厥过去。当她苏醒时，温暖的阳光照耀着她，她的鱼尾已变成了双腿。更让她惊喜的是，她那英俊的王子就站在她的面前……

多么动人的故事啊！作者安徒生以他优美的文字，让后人永远记住了他。

安徒生的出身之谜，也同样让人们关注：他是否也像故事中的人物一样，是一位出身高贵的王子呢？

权威的传记作家们都确切无疑地告诉我们：安徒生于1805年4月2日出生在丹麦富恩岛上欧登塞城中一间低矮破旧的平房里。他的父亲是个鞋匠，整日为生计而忙碌着，他的母亲是一位迷信的洗衣妇。十一岁时父亲病故，母亲改嫁。安徒生从此到处漂泊，做过各种行业的学徒。由于童年贫穷的生活，安徒生梦想成为一位演员，因为那些平凡的人一到戏台上就变成了威严的国王、娇艳的王后、英俊的王子和美丽的公主。十四岁时，安徒生到哥本哈根谋生，在丹麦皇家剧院当临时演员。因为失声，安徒生献身艺术的梦想破灭了，他开始改写剧本，但剧本多次被退回。幸得剧院一名导演同情，资助他读完中学、大学，然后开始从事创作，一步步向文学高峰跋涉。他先后写出了《维森堡大盗》《阿英索尔》等剧本，《阿马格岛漫游记》等浪漫主义幻想游记和《卡尔里克·克里斯蒂安二世》等历史小说。1835 年，安徒生出版了第一本童话集，在他的童话里，他为那些穷苦的孩子创造了一个美好、幸福和快乐的乐园。以后每年圣诞节他都出版一本童话，作为送给孩子们的礼物。其中有我们所熟悉的《丑小鸭》《卖火柴的小女孩》《皇帝的新装》等。安徒生整整写了近四十年，共发表了一百六十多篇作品。安徒生的作品，是丹麦人的财富，也是全世界人的财富。

安徒生的童话故事打动了无数孩子的心

权威的看法并非无懈可击。1975 年布斯铎写的《安徒生传记》，对传统说法提出了怀疑，认为安徒生提供的个人资料隐瞒了自己的身世真相。1990 年，数百位丹麦人在安徒生的故乡欧登塞大学举行听证会，探讨这位童话大师的身世。一位名叫延斯·约根森的历史学家写了《安徒生——一个真正的童话》一书，书中提出安徒生并非生于欧登塞，而是布洛霍姆市的古堡，母亲是当时尚属王储的克里斯蒂安八世的情妇。安徒生出生后，王室把他隐藏在欧登塞的一位鞋匠家中，也就是安徒生父亲的家中。安徒生在成长过程中，一直受到王室暗中的照顾，所以虽然出身低微，后来却打入了王族的圈子，出入于皇家剧院。安徒生提供的个人资料中声称的吃苦之说，纯粹是为掩人耳目而编造出来的。丹麦的另一位作家皮特·赫固还提出了另一份资料加以旁证，一位海军上将的女儿亨丽艾特·吴尔芙1848年曾给安徒生写信，信中提到过安徒生也发现自己是一位“王子”。有些学者也从安徒生作品的内容上为这种看法寻找依据。据说，安徒生童话的大部分是根据他自己的见闻和想象创作的。《丑小鸭》和《皇帝的新装》等故事，一向被认为取材于安徒生的一些亲身经历。在《安徒生故事集》里还有这样一个故事，正是安徒生自身经历的写照。故事是这样的：一名鞋匠与一个洗衣工相恋，生下一个貌丑的儿子，却不能自己抚养，丑儿孤苦伶仃，幸获天使的照顾，长大后发了财，成为名流。结局时丑儿的身世大白，原来他是国王的私生子。安徒生自称是鞋匠的儿子，这个故事中有他太多的影子，难怪有人怀疑他是“落难民间的王子”。

为了搞清安徒生的出身之谜，丹麦政界也投入了很大的精力。丹麦著名的历史学家塔格·卡尔斯泰德曾被允许查阅大量的克里斯蒂安八世的档案，其中包括这位国王的信件和日记。经过查阅发现，这位国王虽然是一位风流人物，确实和一般平民妇女偷情过，但还算得上一个有责任感的人，因为档案中有过这样的记载：国王发现自己偷情有了后代后，他会给情妇写信，并寄钱给她们，直至孩子长大成人。国王还为其中的一个私生子安排了工作，让他掌管王室的狩猎活动。但在全部档案中，没有找到安徒生和他母亲的任何资料。

所以，安徒生的身世仍然是一个谜，他是否就是生活中的“丑小鸭”，而最终成为一个令人羡慕的“白天鹅”呢？

处女守护圣火之谜

火——温暖和光明的象征，在古人心目中占有重要的地位，难怪普罗米修斯要冒着生命的危险去盗来神火，难怪古代的罗马人要用圣洁的处女去守护圣火。

在厄比妮亚那个时代，供奉罗马灶神威斯塔的神庙里，一年四季圣火都燃烧着，共有6个处女守护着圣火。她们担当守护神庙圣火的重要宗教职务，以灶神庙中永远燃烧的圣火为守护对象，以此来纪念史前时代每一次生火的艰难。由于灶神崇拜以火为中心，并且火纯洁无垢，因此，罗马人认为守护神庙圣火的只能是处女。

罗马人的祭祀队伍

守护圣火的处女除了生病之外，一般不能离开她们所居住的灶神庙。每天每名处女至少值勤8小时，主要负责保持神殿内圣火不熄灭。此外，她们还有诸如到圣泉去取水、为公众祈福以及烹制祭礼仪式上用的祭品等职责。守护圣火的处女在庆祝农作物收成的节日上有更多的宗教任务，而更不可思议的是，她们必须参加生育祭礼！由于整个罗马社会公认这些处女圣洁无垢，因而她们还受命保管条约、遗嘱、珍宝和其他重要文件等。委以如此重任也常看作是对她们的敬意。

守护圣火的处女享有的特权与荣誉是其他罗马妇女所没有的。但是守护圣火的处女也有严格的纪律约束，一旦犯错就要受可怕的处罚。如果她们玩忽职守，会受到祭司长的严惩，以鞭笞来惩罚任由圣火熄灭的守护圣火的处女，对不贞的则处以活埋。后一项表明了罗马人认为守护圣火的处女一定要纯洁，那是罗马本身福祉的保证和象征。

被活埋的守护圣火的处女在长达1000年的历史中不到20人，这其中部分原因可能是严厉的惩罚起到了相当大的威慑作用。当然那 20 个遭活埋的女性中，也许有些是被冤枉的，起因是罗马人认为受人尊敬的处女如果行为不端，可能会引起军事失利及其他灾难。

亚特兰蒂斯文明是否存在

1962 年，苏联一艘探测船上的科学家和军事专家，在古巴外海曾出人意料地发现了一个人鱼小孩能讲人语，这个人鱼小孩把头扬出水面，用人类语言说道："我来自亚特兰蒂斯城，请放了我吧。"鱼孩说，亚特兰蒂斯大陆几百万年前横跨非洲和南美，后来才逐渐沉入海底。新的生活使陆地上的居民发生了演进，他们有了鳞和鳃。现在，他们有 300 万人，居于海底最底层一个由大理石和珊瑚构成的、亮晶晶的城市里。它还说它们的寿命可长达 300 岁。意外的是，这怪物还宣称，亚特兰蒂斯人会装扮成人类，定期离开海洋，混迹于人群中生活，这是为了观察人类，并把人类文明的进展向它们的当局报告。该文的发表使学者们的探讨又一次掀起高潮。他们对亚特兰蒂斯文明是否存在有着不同的看法。

有学者认为，这个能言人语的鱼孩所说的亚特兰蒂斯是远古时外星人在地球上建立的一个文明古国——早在发现这个能言人语的鱼孩很久以前，全世界许多学者一直普遍关注和高度重视的文明遗址亚特兰蒂斯。

也有的学者认为，在远古的某一天，没有任何预兆地发生了一次强烈的地震。地震中亚特兰蒂斯古国的居民并未全部灭亡，他们中有一部分人自古至今一直以一种独特的方式生活在海洋里。为了适应海洋独特的自然条件，他们的体质形态发生了显著变化，这些变化使他们明显不同于他们的祖先。

还有一名叫伊格内修斯·唐纳利的学者认为，已经沉没了的亚特兰蒂斯古国在大西洋中。大概位置主要是介于北美、欧洲和非洲之间。但另有一些学者不同意上述推测，他们认为远古传说的亚特兰蒂斯古国不是在大西洋中，而是在地中海中。

上述对于亚特兰蒂斯文明的存在的推测都有一定的道理，但都不是最后的结论，鱼孩口中的亚特兰蒂斯文明是否真的存在，人们尚难断定。

断臂维纳斯之谜

古希腊神话传说中，有一个女神叫阿芙罗狄忒，专管“美”和“爱”。到了古罗马时代，罗马人将她称为维纳斯。没有人见过这位女神，但是关于她的雕像却留下很多。其中最有名的就是一尊断臂的维纳斯雕像。

1820 年 4 月的一天，农民伊沃高斯带着他的儿子在爱琴海中的米洛岛上耕地。当他们正打算铲除一些矮灌木时，突然一个大洞穴出现在他们面前。他们走进这座山洞，发现了一座非常优美的半裸的女性大理石雕像，

《维纳斯的诞生》

这就是《断臂的维纳斯》。

法国驻希腊代理领事路易·布莱斯特很快得知了这个消息，他立即向法国公使利比耶侯爵做了报告。侯爵以高昂的代价从伊沃高斯手中买下了这座雕像，价格高达2.5万法郎，又把它装上法国军舰，偷偷运往法国。现在这座雕像就陈列在法国巴黎著名的罗浮宫美术馆里，成为罗浮宫的镇馆珍品之一。

《米洛斯的维纳斯》

从那以后世上就广泛流传着有关断臂维纳斯的故事，人们不仅惊叹于维纳斯之美，也充满了对她的疑问和困惑。她是谁？她的制作者又是谁？她的手臂哪里去了？断臂之前她又是怎样的姿态呢？

这尊在米洛斯岛上发现的雕像是维纳斯公认的形象，被命名为《米洛斯的维纳斯》。有些人认为她的这个名字过于“外国化”，因此将它命名为《米洛斯的阿芙罗狄忒》。又因为这座石像的脸型很像公元前10世纪古希腊著名雕像家普拉克西德雷斯的作品《克尼德斯的维纳斯》，所以这件作品又被叫作《克尼德斯的阿芙罗狄忒》。

正因为这两件作品如此相似，很多人断言她的创作者就是普拉克西德雷斯。但是也有相当一部分人认为这么优美作品的作者应该是公元前5世纪古希腊更伟大的雕像家菲狄亚斯或菲狄亚斯的学生，因为作品的风格和那个时代相似。时至今日，比较公认的看法是这是一件晚至公元前1世纪的作品；还有一种看法认为这只是一件复制品，是仿制公元前4世纪某件原作而雕塑出来的，而原件已经消失了……总之众说纷纭，让人莫衷一是。

现在人们又对另一个问题产生了兴趣：她断了的两只胳膊原来是什么

完整的维纳斯像

姿势？是拿着金苹果？是扶着战神的盾？还是拉着裹在下身的披布……近年来的考据家则较一致地认为，她的一只手正伸向站在她面前的“爱的使者”丘比特。虽然不少人曾依照各自的推测补塑了她的双臂，但总觉得很别扭、不自然，还不如就让她缺两只胳膊，让人们用自己的想象去补全它，从此她就以“断臂美神”而闻名遐迩了。

虽然这是个半裸的女性雕像，但优美、健康、充满活力，给人的印象并不是柔媚和肉感。她的身姿转折有致，显得大方甚至“雄伟”；她的表情里有一种坦荡而又自尊的神态，显得很沉静。她无需故意取悦或挑逗别人，因为她不是别人的奴隶；她也毫无装腔作势、盛气凌人之感，因为她也不想高踞他人之上。在她的面前，人们感到的是亲切、喜悦以及对于完美的人和生命自由的向往。

自普拉克西德雷斯以来，艺术家们为了歌颂这位女神的美丽与温柔，塑造了各种姿态的造型，而最成功的就是这尊雕像。她体现了菲狄亚斯的简洁，普拉克西德雷斯的温情，也具有留西波斯的优美的人体比例。她的面庞呈椭圆形，鼻梁垂直，额头很窄，下巴丰满，洋溢着女性典雅与温柔的气息。虽然衣裙遮住了她的下肢，但人体动态结构准确自然，艺术家的不凡技艺尽在其中。

然而，现在可能还是她的断臂让人们最感兴趣：美人的手臂在何处呢？人们曾经在发现石像的同一座洞穴里找到过一些断臂与手的残碎石片，但这些究竟是不是这座雕像的手与臂的残片呢？目前还没有一致的看法。

《沉睡的维纳斯》

伟大的雕像家创造了维纳斯，而“断臂”不仅增添了她的残缺美，也使这座雕像显得更加神秘。

神秘石像之谜

复活节岛是世界上最偏远的地方之一，它位于茫茫无际的南太平洋水域。1722 年，荷兰人首先发现了这个小岛，那天刚好是复活节，因此这个岛被称为复活节岛。此后的几十年内，欧洲探险家们曾经一次又一次地登上此岛，因为人们不仅对这个荒岛上的土著居民很好奇，而且对岛上的上百尊巨石雕像更感兴趣。复活节岛虽然孤处一方，但那些遍布全岛的石像世界闻名。这些有着非常明显特征的石像被当地人称为“莫埃”：他们有神态各异的长脸，向上略微翘起的鼻子，前突出的薄嘴唇，略向后倾的宽额，垂落腮部的大耳朵，刻有飞鸟鸣禽的躯干，还有垂在两边的手。石像独特的造型使它们别具风采，使人一眼就能认出它们。此外，有些头上还戴有圆柱形红帽子的、被当地人称为“普卡奥”的石像，远远看去这些红帽子就像具有尊贵和高傲色彩的红色王冠。

这些石雕人像的造型一致，都是表情呆滞、脸形瘦长的那种。这说明其加工制作者使用的模本是统一的。从未见过的石像造型所表现出来的奇特风格，充分说明了它是未受外来文化影响的本地作品。当然也有些学者指出，它们的造型与远在墨西哥蒂纳科瓦的玛雅即印第安文化遗址上的石雕人像十分相似。如果说古代墨西哥文化影响过它，但墨西哥在复活节岛数千千米之外，这几乎是不可能的。

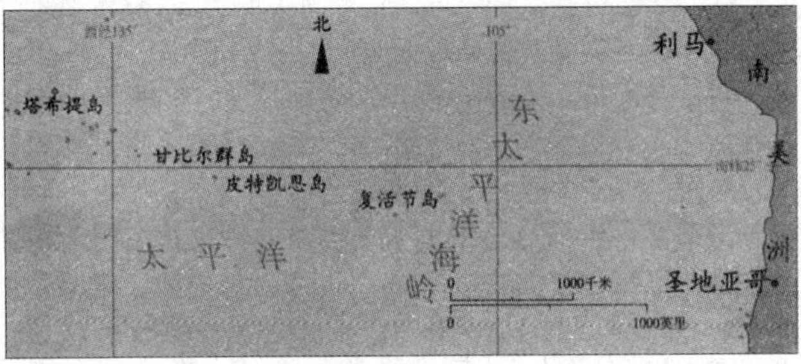

复活节岛距智利约有3500千米

在充分研究了小岛各处分布的600多尊石像和几处采石场的规模等情况后，众多学者一致认为这份工程没有5000个身强力壮的劳动力是不能完成的。他们做过一项试验，十几个工人忙一年才能雕刻一尊不大不小的石人像。利用滚木滑动装置似乎是岛民解决运输问题的唯一办法，这种原始的搬运办法虽然可以将这些庞然大物搬运到小岛上的任何角落，但这必定要花费巨大的劳动量。令人不解的还在于，当雅各布·罗格文初到复活节岛时，岛上几乎没有树木，因此利用滚木装置运送巨石人像的可能性也不能确定。

调查者们在拉诺拉库山脉还找到了几处采石场。采石场上到处分布着像切蛋糕似的被人随意切割的几十万立方米的坚硬岩石。加工好的巨石人像被运往远方安放，但是数以百计未被加工的石料依然躺在采石场上，加工了一半的石像中还有一尊极为奇妙的石像，它的脸部已雕凿完成，但是

怒目而视的石雕

后脑部还和山体相连。这件成品只需几刀就可与山体分离，但是它的制作者好像忽然发现了什么，匆匆离去，将它留在这里。

不可思议的还有戴着石帽的石像，这批石雕人像重的超过 50 吨，小的重约 2.5 吨，单单石帽就是件吨位沉重的庞然大物。制作者究竟如何将它们从采石场上凿取出来，怎样加工制作，又通过什么途径将它们运往远处安放的地方，并能牢牢地将它们耸立在石像头上。由于前几个世纪岛上居民还没有使用铁器，这一切都那么令人费解。

而且工地上的许多作品，尽管进度并不相同，但是看上去似乎是同时停工的，那么小岛上究竟发生了什么事情呢？地质学家们研究之后，发现复活节岛是座火山岛，但是在人类在此居住以前并没有发生过火山爆发。

20 世纪 40 年代，挪威科学家托尔·海尔达尔提出，复活节岛上曾居住过南美印第安人，是他们建造了这些莫埃人像。为了证实自己的推断，海尔达尔决定孤身穿越太平洋，他造了一个简陋的木筏，开始了自己的行动。木筏随着信风和洋流一路向西漂去，实际的距离大大超过了复活节岛。101 天以后，一直在海中漂泊的木筏在塔希提岛东面一个荒凉的南太平洋小岛上靠岸。

海尔达尔激动万分，因为航行证明了一只简陋的木筏横渡太平洋的可能性。当然这还只是一种可能性，是否真的发生过这样的事情还不能确定。要证明南美洲人的确曾在复活节岛上生活过还需要更多更充分的证据。海尔达尔的推断似乎得到了岛上的一些口头传说的支持。因为岛上的居民曾提到一个这样的民族，他们将耳朵刺穿并在耳垂上挂上重物，人为地把耳朵拉长。这些耳朵很长的人曾经在很长一段时间里统治了小岛，后来那些短耳朵的人感到不满，于是奋起推翻了他们。由于那些莫埃人像的耳朵几乎都垂到了肩上，所以海尔达尔推断它们是由那些“耳朵很长”的人建造的。那么这些人是从哪里来的？岛上居民传说他们来自东方，那里仅有一望无际的海洋……以及南美洲。

然而后来的一些理论却否认了海尔达尔的推想。首先，通过放射性碳元素测定年代法表明，早在公元5世纪之前，岛上就有人居住了，而莫埃人像则最早建造于公元900～1000年之间。而且后来的许多研究也证实岛上的居民是从波利尼西亚迁移过来的，而不是从南美洲迁移过来的。从语言学的角度进行分析，岛上居民使用的文字更接近波利尼西亚的文字；对他们的骨骼进行研究，岛上的居民也更接近于东南亚人。

复活节岛上的土著居民还保持着传统的习俗与装束

最早来到复活节岛上的是波利尼西亚人这一观点得到了普遍认同，因为这一结论能在一定程度上解释为什么能够建造那些巨大的雕像。由于波利尼西亚非常盛行祖先崇拜，因此那些莫埃人像可能是由岛上的家族或部落建起来的用以纪念先人的墓碑。马克萨斯群岛还有一种在死者的雕像上放上一块石头，以示哀悼的传统。而在莫埃人像顶部盖上红石头很可能就是由这种传统演化而来的。

复活节岛上的石雕人像不断地被人写入游记、见闻和回忆录里，变得日益神秘起来。现在，这些石雕人像随着科技的发展和电视的普及已经家喻户晓了，但是仍有许许多多的谜团困扰着人们，而岛上的那些石雕人像仍屹立在那里，俯视着岛上络绎不绝的游人。

纳斯卡地画之谜

秘鲁的纳斯卡高原是世界上最干燥的地区之一，这里终年骄阳似火，经常连续几年滴水不降。

几十年前的一天，位于秘鲁首都利马的民族学博物馆来了一位飞行员，他自称在秘鲁的安第斯山一带纳斯卡高原的沙漠上，发现了古代印第安人的“运河”。他拿出一张用铅笔勾抹着一些奇形怪状线条的地图，作为自己的证据。

几年过去了，这张地图辗转到历史学家鲍尔·科逊克的手里。科逊克带领一支考察队来到纳斯卡高原。在黑褐色的高原上，他们的确发现了十分明显的“白带”。在这条“白带”上，有的沟形状怪异，沿途也崎岖不平；有的沟则笔直，长达1.5～2千米。考察队的队员们手拿指南针，沿着弯曲的沟行走，同时在地图上记下沟的形状与方位。一段时间过后，他们完成了这个有趣的实验，沟的形状和方位图画成了。令人惊奇的是，这图就像一只喙部突出的巨鹰。与一条长约1.7千米的笔直的沟相连的是鹰的尾部。

在当时的情况下，人们是怎样画出这幅巨鹰图的呢？是怎样确定线条方向和准确地制定鹰身各部位的比例呢？当时采用的测量仪器又是什么样的呢？纳斯卡高原沙漠在考古学家面前展现了它迷宫的一角。

紧接着一些巨大的人工平行线和许多奇异的图案被发现。当考古学家们乘上飞机以一定的角度在纳斯卡高原上空缓缓盘旋时，数千条方向各异的线条，分别组成三角形、螺线、四边形等多种几何图形。真是一组奇妙的画面！而且，人们还发现这里面有一幅章鱼图，章鱼伸展着八条弯弯曲曲的触角，非常形象。

人们还发现了这些地上画的规律，即完全相同的动物画，就像盖图章一样，每隔几十千米就出现一批。同时，比这些动物画大数十倍的人物画也被发现。其中一个长620米，躯干挺直而且双手叉在肋下的人像，令人称奇；还有一幅没有脑袋，却画有六个手指的人物，等等。

许多平行的直线像飞机跑道一样，如图所示的浅沟，让人联想到是太空船降落时留下的痕迹

还有许多沟更令人不解，它们有十分精确的南北走向，误差不超过一度。史料中没有记载南美居民持有指南针，而且北极星根本不会出现在南半球，画家在这样的条件下怎么能画得如此精确呢?

以上种种原因和迹象，使纳斯卡高原上的地上画引起了人们的惊叹与关注。有些学者认为它可以与埃及金字塔和巴尔贝克神殿相媲美，将之称为世界第八大奇观。

科逊克等人在将星相图和纳斯卡高原平面图进行对照之后，发现整个四季的天文变化在这些地上画中也有明确的显示。有的标记代表月亮升起的地点，有的画还指出了最明亮的星的位置。在这部地上“天文历”上，太阳系的各大行星，都被标上了各自的三角形和线。在形状的帮助下，点缀在南半球空中的众多星座也能够在地画中一一发现。

尽管人们对这些巨大的地画有不同的解释，但大多数人都同意一点，即只有拥有高度发达的测量仪器和计算仪器的人才能制作出这些画，而且由于只有在空中才能看到它们的形状，所以它们是为专门从空中看才制作的。

据说印加人的部落曾经观察过在这里出现的让他们终生难忘的外星生物（或外星人），他们极其热切地希望这些外星生物（或外星人）能够回来。在年复一年的等待中，当他们的愿望实现不了的时候，他们便开始像外星生物（或外星人）一样在平地上仿造图案。

但是，诸神一直没有光临，在这期间人类周而复始地出生死亡，起初人们借助画线方法并未将诸神召回，人们又开始刨出巨大的动物形象。首先是描绘各种各样象征飞行形象的鸟，后来在想象力的驱使下又去描绘蜘蛛、鱼和猿猴的概貌。

蜘蛛巨画

另外一些考古学家则持否定态度，认为这些图形和线条是半神半人的“维拉科查人”遗留下的作品，并不是出自凡人之手。这个族群在好几千年之前也将他们的“指纹”遗留在了南美洲安第斯山脉其他的地区里。

专家们对镶嵌在线条上的陶器碎片进行了检测，同时对这儿出土的各种有机物质通过碳 14 进行测度，结果证实，纳斯卡遗迹年代十分久远，大概是从公元前 350 年到公元 600 年不等。至于这些线条本身的年代，由于它们跟周围的石头一样，本质上都是无法鉴定年代的，所以专家不做任何推测。我们只能这么说：年代最近的线条至少也有 1400 年历史，但在理论上，这些线条可能比我们推测的年代更为久远。如果是后来的人携带这些我们据以推断日期的文物到纳斯卡高原也是很有可能的。

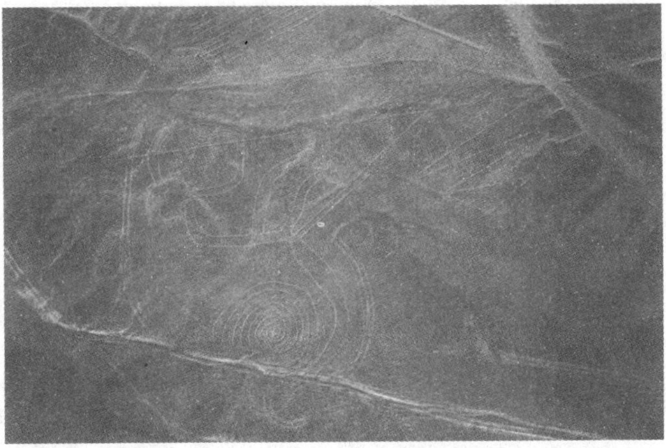

猴子巨画

以上的种种假设都存在着一些问题。首先，这些线条的坐标和动物的标志只有从高空中才能看出来，地面上的人如果没有先进的技术，根本无法画出来。其次，位于秘鲁南部的纳斯卡高原是一个土壤贫瘠、干燥荒凉、五谷不生的地方，长久以来人烟非常稀少，恐怕将来也不会有大量人口移居这里，在这种地方谁会去完成如此巨大的工程？

直到今天，人类仍然无法知道纳斯卡线条的真正用途和真正年代，更别说是谁画的。这些线条和图形是一个谜团，越仔细观察，就越觉得神秘。

非洲原始岩画之谜

在世界文明发源地之一的非洲有许多史前岩画，这些岩画精美绝伦，分布极为广泛，约有十多个国家，如阿尔及利亚、埃塞俄比亚、埃及、莫桑比克、肯尼亚等都有这种原始的艺术作品保留下来，而且数量非常多，流传也很广。其中有 1.5 万幅岩画遗址在塔西里被发现，而在撒哈拉地区

原始岩画的表现形式和手法相当复杂，并且内容也丰富多彩

有3万幅。

这些岩画有相当复杂的表现形式和手法，还有丰富多彩的内容。粗犷朴实的笔画使用的是水混合台地上的红岩石磨成的粉末冷制而成的颜料，由于颜料中的水分能充分渗入岩壁内，长久接触后发生化学变化，使颜料溶进岩壁。因而很多年后，画面依然鲜艳夺目。

早在1721年，一个葡萄牙人旅游团从委内瑞拉出发到莫桑比克旅游观光，一个旅游团成员偶然在岩壁上发现了一幅画着动物的岩画。随后人们又发现了位于阿尔及利亚东部的巨大的颜料库，它位于撒哈拉沙漠中的恩阿哲尔山脉，这条山脉长800千米，宽50~60千米，岩画的主要颜料就是这里蕴藏着的丰富的红砂土矿藏。1956年，一个法国探险队在这片广阔的山区里竟发现了1万多幅作品。

科学家们根据这些岩画所反映的内容，推断撒哈拉地区以前并不是沙漠，而是存在着一群生活在旧石器时代和新石器时代的人类，他们的谋生手段是猎取大型水栖动物，也放牧羊群。大量考古资料证实，公元前8000年至前2000年，在地质学上是非洲寒武纪的潮湿期，那时撒哈拉地区并不

人像岩画

是沙漠，而是一片布满热带植物的草原，这种草原正适合狩猎。

非洲原始岩画中，有许多神秘的人物形象，有的是手持长矛、圆盾的武士，他们乘坐战车迅猛飞驰；有的是正在射击野鹿和狩猎野牛的猎手，他们手持弓箭，个个身材魁梧。科学家们由此得出以下结论：当时战争频繁，甚至成为了人们的职业，而在经济中占突出地位的是狩猎。画面上有些人戴着小帽子，身缠腰布；有些没有武器，做出敲击乐器的样子；有些人像是欢迎“天神”的降临，做出贡献物品的样子，仿佛是描述祭神的画面；有些人则像是跳舞，舞姿呼之欲出。其中还有画着巨大的圆脑袋的人像，他们的服饰非常厚重笨拙，除了两只眼睛，脸上什么也没有，而且表情呆滞。人类发明了宇宙飞船以后才明白这些画面的意思，现在的宇航员穿上太空服、戴上太空帽后，与那些圆头人像有着惊人的相似之处。

究竟是谁创作了非洲原始岩画呢？许多人认为是当地的土著布须曼人创作的。布须曼人的文化中心正是撒哈拉地区，在这个中心地区发现的许多岩画都可以证明这一点。北边的塔西里，东北的西班牙，南边的非洲中部及南部，东边的埃及的岩画都是从这个中心地区传播开来的。

而一些欧洲学者则坚持认为是外来文化的传播创造了非洲史前岩画，有的干脆说非洲史前岩画是欧洲史前岩画的复制品。他们认为首批欧洲移民尼安德特人在公元前5万年左右来到非洲，大批克罗马依人在4000年后移居非洲，他们是欧洲史前岩画的创造者，是他们把岩画带到了非洲。

但不少专家指出，岩画中表现了非洲一些部族的人种特征，例如非洲人一般都是高耸臀部，这在欧洲史前岩画中是不可能有的。非洲岩画究竟是天外来客的随心之作，还是非洲土著布须曼人的智慧结晶，或是欧洲史前岩画的复制品？现在仍然众说纷纭。然而非洲岩画的发现对世界原始文化研究有着重要的意义，它能使我们了解、考察非洲原始部族的生活与社会形态，这一点是毋庸置疑的。

而在所有的非洲原始岩画中，撒哈拉大沙漠的壁画尤为壮观。

羚羊人

撒哈拉大沙漠位于非洲北部阿特拉斯山脉与苏丹草原以及大西洋与红海沿岸之间，它几乎占据了非洲全部面积的一半。

这些充满神秘色彩的沙漠壁画是德国探险家巴尔斯于1850年在撒哈拉考察时无意中发现的，有鸵鸟、水牛及各式各样的人物像。由于缺乏考古知识，当时这些壁画并没有引起他的重视。

23年后科学家专门对这些壁画进行了考察，结果发现画中记述的都是1万年以前的景象。

在撒哈拉大沙漠中部的塔西利台地恩阿哲尔高原上，人们又偶然发现了一处巨大的壁画群落。这个壁画群落长达数千米，全都绘在岩壁上，上面刻画了远古人们的生活情景，五颜六色、色彩雅致。此后一些考古学家、考察队纷至沓来。亨利·罗特于1956年率法国探险队在沙漠中发现了1万件壁画。第二年，他们回到巴黎，带回面积约合11.6万平方英尺（1平方英尺≈0.093平方米）的壁画复制品及照片，成为当时轰动世界的考古新闻。

在沙漠中还发掘出许多村落遗址，它们都是新石器时代的人类遗址。从发掘出的大量文物来看，撒哈拉在距今1万年至4000多年间是一个草木茂盛的绿洲。当时在这里劳动、生息、繁衍的部落和民族，创造了高度发达的文化。磨光石器的广泛流行和陶器的制造是其主要特征。当时的文化已发展到相当高的水平，从壁画中的撒哈拉文字和提斐那文字可以看出这一点。

撒哈拉沙漠岩石水彩画

壁画中绘有很多马匹，还有形象生动、神态逼真的鸵鸟、大象、羚羊、长颈鹿等，甚至有描绘水牛形象的壁画。科学家断言，以塔西利台地为起点，南到基多湖畔，北到突尼斯洼地，构成了撒哈拉地区庞大的西北水路网。台地在多雨期出现了许多积水池，沿着这些积水池，繁殖出各种各样的动植物，撒哈拉文化得到高度发展，昌盛一时。

人们同时发现，只有极少数地区才有关于骆驼的壁画，而且这些骆驼形象的壁画都属于非洲岩画的后期作品。

大约在公元前400年至前300年左右，撒哈拉成为沙漠，骆驼才从西亚来到这里，罗马共和国的疆土扩张时期也在此时。根据壁画内容可以推测当时人们很可能喜欢在战争、狩猎、舞蹈和祭祀前后在岩壁上画画，用画来鼓舞情绪，或者是表达对生活的热爱。这些画生活气息非常浓郁，非洲人民勤劳勇敢、乐观豪迈的民族性格和鲜明的地方特色在这些画中得到了充分的体现。

正如前文所说，另外一些学者以人种学为研究方向，认定并非由非洲本土的布须曼人绘制了岩画，其中之一的根据是布须曼人对透视法一无所知，而非洲岩画中却充分运用了这一技法。根据西班牙东部、北非、撒哈拉、埃及等地区岩画之间的相似之处，一些考古学家推测在遥远年代，有一群人从地中海漂泊到好望角去了，当他们漫游到撒哈拉及东非大平原时，那里是一片绿色而且充满生机的绿洲，正是他们理想的特猎区和栖息的家园，而后他们停留在山区高原，在那里创作了许多最早的非洲岩画，他们就成为最早的狩猎者以及狩猎艺术家。

然而这些只是他们的主观猜测和臆想，毫无根据可言。至于说岩画不是布须曼人的作品，原因是他们不懂透视法则更显得荒谬。因为即使说后来的布须曼人不懂岩画知识和技巧，也并不代表那些已灭绝的布须曼人不懂。这种知识与技巧只有极少数人才能掌握，而且传授方法非常神秘，所以后来的布须曼人看不懂前人所画的岩画并不足为奇。何况因年深日久不少岩画已模糊不清，后来者也难以辨认了，以人种学观点为依据是一种种族偏见，缺乏足够的说服力。

还有个别学者认为，很难弄清岩画究竟是非洲本土的古老艺术还是外界文化的辐射，而且他们认为任何伟大艺术都是国际性的，没有必要把任何艺术都贴上民族的标签，这种工作是毫无意义的。如同世界其他地区的画廊一样，非洲文化也兼容诸多民族及其原始宗教派别的艺术。尽管这种泛论并不能让所有的人满意，但它提供的认识非洲岩画出处的思路仍有可取之处。

种种说法尚无定论，但原始岩画有利于人类认识撒哈拉大沙漠的史前文明却是无可厚非的。

伊索与《伊索寓言》

伊索和他的寓言故事集是大家所熟悉的。《伊索寓言》约350篇，大多是古希腊民间的讽喻小品，还有印度、阿拉伯和基督教的故事，取材于半历史、半神话的野兽王国的事情，诙谐幽默，脍炙人口，世界上绝大多数国家都有这本书的译本，它对西方伦理道德、政治思想影响很大。然而，人们很难设想，这本蜚声文坛的杰作竟然出自一位奴隶出身的寓言鼻祖——伊索。

根据希罗多德（约前484—约前425）记载，伊索生活在公元前6世纪中叶左右，是萨摩斯岛雅得蒙的被释奴隶。萨摩斯、萨尔狄斯、色雷斯的美塞姆布里亚和普里吉亚的科狄奥乌姆都可以被认为是他的出生地。后来，又有许多关于伊索的趣闻轶事，大多不足凭信。相传其人相貌丑陋，上肢短小，下肢罗圈，皮肤黝黑，大腹便便，斜眼、塌鼻、尖脑袋，更糟糕的是，他是个哑巴，只是因为行善而感动女神艾西斯，她赐予了他说话的能力。伊索思维敏捷，足智多谋，能言善辩，例如，他和其他奴隶到埃菲苏斯，他在必须驮运的行李物件中选了一大筐面包，这筐子比其他奴隶的筐子重一倍。对此，他受到伙伴们嘲笑，但到天黑时，作为他们口粮的面包都被吃光，筐子变得空空如也。再如，在僭主庇西特拉图（约前600—前527）统治时期，伊索来到雅典，以《青蛙和国王》的故事，告诫人们不要犯上作乱。后来，伊索受宠于吕底亚国王克洛伊索斯，在萨尔狄斯宫廷中做事。有一次，他竟然有幸参加希腊七贤宴会，不久，又受命到特尔斐神庙送礼，在一次骚乱中，不幸被特尔斐人投到山崖下摔死。他死后约200年，留西波斯为伊索塑了一尊雕像，并把他竖在希腊七贤塑像之前。

历史上许多人都提到了伊索和他的作品。大哲学家柏拉图告诉我们，他的老师苏格拉底于公元前399年在监狱中把伊索寓言改成韵文。百科全书式学者亚里士多德（前384—前322）的《修辞学》中有《狐狸和刺猬》的故事。大雄辩家德摩斯梯尼（前384—前322）曾用《狼与小羊》劝说雅典人不要把他出卖给腓力普。演说家摩特里乌斯·法莱里乌斯（约前345—前283）曾分10册出版了伊索所收集的寓言。奥古斯都时期的自由民费德鲁斯用拉丁文把寓言改成诗体。大约2世纪，亚历山大·塞佛鲁斯大帝的儿子的家庭教师、罗马人巴布里乌斯把寓言改写成希腊文。4世纪，阿维阿努斯把42个寓言故事写成拉丁文哀歌体对句。大约14世纪，马克西姆斯·普拉努底斯教士收集汇编了这些寓言，使伊索寓言广为流传。

过去也有人认为，伊索这个名字事实上就是寓言这个词的同义语。伊索，或者某一个像他那样的人，为了使世人明辨是非，最先以简洁、明快的风格讲述所收集的某些寓言故事，在这一过程中，他当然加进了一些自己的内容，从而使伊索这个名字和寓言之间的关系变得密不可分。所有这些具有伊索风格的寓言年复一年、世世代代经口头流传下来，最后都被归结为出自伊索的手笔。例如，在西亚远古苏美尔时期和古巴比伦的泥板文书中，在古埃及的大纸草中，还有古印度梵文《五卷书》中，佛教经典《本生经》《嘉言集》中，小亚细亚《旧约全书》中的《士师记》中，以及公元前8世纪希腊的《田功农时》中，都有这种伊索风格的寓言。

但在最近几年，有人考证，伊索不是别人，而是非洲埃塞俄比亚的寓言家阿克曼。他们认为，希腊人把埃塞俄比亚的寓言翻译成希腊文，并以伊索署名，其含义是埃塞俄比亚人。这大概是因为译者将Ethiop（Ethiop = Ethiopian，意为埃塞俄比亚人）错读成Aesop，于是，埃塞俄比亚人（E-thiopian）寓言成了伊索（Aesop）寓言，作者阿克曼也就成了伊索。从寓言中透露，阿克曼是黑人被释奴隶。后来，阿克曼被誉为“东方智者”，在《古兰经》中被视为“大家”，《古兰经》第31章就是以阿克曼命名的。即使到现在，在穆斯林世界，还有这样一句俗话：“有阿克曼智慧的教导。”这与他是阿拉伯国家一个最著名的哲学家和寓言家是分不开的。

所以，直到现在，伊索是何许人还是个谜。朋友，也许你能解开这个谜？

莫里哀死因之谜

莫里哀（1622—1673），原名让—巴蒂斯特·波克兰，1622年1月15日诞生于巴黎富商让·波克兰家，1644年6月28日首次使用艺名莫里哀，他是17世纪法国最伟大的剧作家，是继莎士比亚之后欧洲戏剧史上成就最大、影响最深的戏剧家。18世纪之后，莫里哀的名字超越法国国界，在欧洲各国享有广泛的声誉，其作品成为世界戏剧艺术宝库中的珍品。

到目前为止，确知莫里哀所写的作品有30出戏和不多的几首诗，其中有一出戏是他在照顾年老贫困的高乃依时，与高乃依合写的。莫里哀既是编剧、导演和演员，又是剧团负责人。

一个编剧，死无葬身之地，但其作品却是法兰西喜剧院创办300年来上演次数最多的剧目。据载，从1680年法兰西喜剧院创立到1978年底，该院共上演莫里哀的剧作29 664场，而名列第二与第三的拉辛与高乃依的剧作仅被演出过8669场和7019场。

一个作家，身后无手稿流传，却仍被称为“法语创作中最全面且最完满的诗歌天才”。

一个演员，不肯离开舞台，宁愿放弃法兰西学院“四十名不朽者之一”的荣誉。然而，法兰西学院却主动为他塑了一尊半身像，并将此像立于学院的地界内，石像上刻着：他的光荣什么也不少，我们的光荣却少了他。

这些颇有兴味的事情都发生在一个人身上，他被伏尔泰尊称为："描绘法兰西的画家"。

莫里哀20岁时开始从事戏剧事业，直到他51岁死去，一直勤奋刻苦，不断努力，使自己的艺术水平达到了炉火纯青的地步。但是，他几十年来的生活并不平坦，复杂艰苦的斗争和数不清的磨难锻炼了他的意志，也影响了他的身体健康，使他过早地离开了人世。

1673年2月17日，在路易十四时代法国巴黎的王宫剧院里，灯火辉煌，人声嘈杂，池座里和包厢里到处挤满了观众。舞台上，大灯光照耀得通明雪亮，这里正在上演莫里哀的著名喜剧《无病呻吟》，这已是该剧的第四次公演，莫里哀本人亲自扮演剧中主角阿尔冈。此时的莫里哀已经51岁，而且是抱病演出。在那天的演出中，莫里哀以惊人的毅力，忍着病体的疼痛，在舞台上坚持到最后。他精湛的演技，时时博得台下观众一阵阵热烈的赞扬声和欢呼声。然而，莫里哀在台上，一边表演，一边忍不住咳嗽，难受得直皱眉头。观众还以为这是他主演"心病者"的绝妙表演，急忙投以热烈的掌声。但当演到最后一场时，莫里哀已有些支撑不住，他忍不住打了一个痉挛，细心的观众已经发现他的病态，很是吃惊，莫里哀也注意到了台下观众的反应，他鼓起全身力气，大笑一声才遮掩了过去。戏演完后，莫里哀并未休息，而是步入后台，询问观众对演出的反映，最后才回到家里。回家后他咯血不止，两个修女把他扶上了座椅，莫里哀在她们俩人的怀里咽下最后一口气。此时是当夜10点钟，离他卸妆下台还不到3个小时。

后人对莫里哀这位喜剧大师的死因十分关注，进行了许多探讨。但是，莫里哀到底死于何因，长期以来一直是一个悬而未解的谜。

有人认为，莫里哀的死亡原因是他得了一种"想象"不到的病，但这种想象不到的病究竟是什么病则无答案。

有人认为，莫里哀晚年遭受了种种不幸。1671 年冬季，他因积劳成疾染上了肺病，后因病情加重病倒了好几个月。1672 年 2 月，他的健康状况刚有好转，又遇上了种种打击：他在戏剧事业上长期合作的老朋友玛德隆·贝扎尔去世，他的爱子也不幸死去。噩耗传来，莫里哀悲痛不已，病情加重。在这种情况下，莫里哀仍坚持写戏、坚持演出，最后病死于肺病。

还有人认为，莫里哀的死因是多方面的，绝非仅肺病一种。长期的创作、紧张的排演和疲劳的巡回演出；艰辛的生活、痛苦的流浪、家庭生活的不幸、晚年丧友丧子；激烈的竞争、错综复杂的政治角逐，特别是 1672 年冬他与老朋友、音乐家吕理发生争执，被国王路易十四免去了文艺总管的职务，国王对他的宠信日减，等等，这一切不幸对晚年的莫里哀来说更是雪上加霜，大大加重了他的病情，最后使他丧生。

《不列颠百科全书》对莫里哀的死有过一段记述："1673 年 2 月 17 日，莫里哀演出第九场《无病呻吟》时，在舞台上昏倒，被人抬到家中即与世长辞。"在这里，对莫里哀的死因未加说明，而是有意回避了。

时至今日，莫里哀到底死于何因仍无一个较一致的答案，尚待进一步研究。

楔形文字的起源之谜

20 世纪 70 年代以来，世界学术界对楔形文字的起源又进行了新的讨论。有趣的是，这个问题的重提并非始于历史学家，而是肇端于属于自然科学的考古天文学的一个发现。

人们知道，楔形文字是古代苏美尔人在公元前 4 世纪创造的世界上最早的文字。因为文字的形状头尖尾宽，呈楔形，故名楔形文字。它为后来的阿卡德人所继承和改造，一直在西亚一带各闪米特族民族中使用。时至很晚的波斯大流士帝国仍在使用这种文字。

从“结绳记事”到“秉笔直书”，文字的发明是人类文化的一大飞跃。它为人类的文化积累和文化传播提供了一种崭新的方式。正因为如此，人们对古代各种文字的起源总是抱有极大的兴趣。对于楔形文字更是如此，17世纪，一位意大利商人和旅行家培德罗在波斯皇宫中发现并临摹了楔形文字，带回欧洲加以研究。18世纪，哥廷根一位中学教师格罗铁芬终于释读出这块文书。他破译出几个古代帝王的名字，并根据他们的事迹又认出了一些文字。以后人们又知道了这种文字来自古代苏美尔。尽管人们对这种文字已能略知一二，但是对于这种文字是怎样产生的仍然十分茫然、争论不断。

传统的考古学家和历史学家认为：楔形文字起源于当地特殊的渔猎生活方式。文字发展的一般规律是由图画象形到符号表意，再发展到字母标声。他们根据文字发展的规律来设定，楔形文字是一种象形——表意文字。象形阶段的图画文字正表示它们的起源所在。他们在较为原始的楔形文字中找到了许多从图到字的演变过程。如“鸟”写作“”，“鱼”写作“”。渔者绘鱼，牧者画牛，图画变成符号，文字就产生了。

以上这种说法散见于西方各种百科全书。东方国家的一些学者对此持不同见解。他们根据生产方式决定社会文化的原理，认为楔形文字的起源与古代苏美尔地区发达的社会组织直接有关。苏联科学院编的《世界通史》在论述楔形文字的发明时写道：“两河流域各族人民文化的最大成就，就是文字的创造。公元前第四千纪中叶，苏美尔人就有了文字的胚胎，为了行政管理，它需要比较有条理的通讯，于是，这种文字的胚胎遂变为真正的文字。”

应该说，这两种说法都各有所据。考古学提供的证据表明，六千年以前的两河流域和波斯湾一带的居民确实过着渔猎牧狩的生活。同时也证明当时此地确实有了比较完备的社会组织，是世界上最早出现城市和国家的地区。倾向于用人的生活解释历史和倾向于用社会生产解释历史的两种观点长期并存，相持不下。但是，近年来异军突起的考古天文学却另辟蹊径，在此问题上独树一帜。他们认为楔形文字起源于一万一千年前的一次天文事件——船帆座×号超新星的爆发。

一位古代苏美尔学专家乔治·米察诺斯基经过对楔形文字的详细研究，发现一个现象：较早的泥版文书记载中大量地出现对同一颗星的记录。他提出古代苏美尔文明的起源同这颗星有关。1980 年这个假设得到天文学家的赞同。美国国家航空和宇宙航行局的天文学家理察德·斯特塞经过精确计算指出，米察诺斯基所说的这颗“文明之星”，就是一万一千年前爆发的超新星。它是人类记忆历史上的最大的一次天文事件，虽然今天这颗星的微光只能在夜空中勉强分辨，但它爆发的那一天，即使是白天的太阳也难夺其光芒。夜晚，它与月亮并悬，忽闪而奇特的光彩洒在宁静的波斯湾里，在水面上拉开一条长带伸展到苏美尔人居住的海边。可以想象这神秘的自然现象给早期人类带来的心理影响。古代闪米特族人的神话中有许多天使都是从天上降到波斯湾，然后循着一条光带来到他们中间的。专家们认为这正是反映了这一事件的影响。关于这颗星的谈论和复述演化成了神话和宗教。关于这颗星的图画就演化出了最初的文字。专家们果然发现，在楔形文字中最早和最多使用的两个字是：“星”（米）和“神”（米）。这两个字十分相似，同出一源。

然而，关于古代楔形文字的起源的争论还未结束。即使在考古天文学界，这种争论也在继续。洛杉矶的一个天文学权威克洛普就怀疑一颗新星的爆发是否真有创造人类文明的足够威力。可是，这种来自现代自然科学的探索总是令人兴奋的。它帮助了历史学，或许可以和其他许多学科、学派一起构成人类对自己文明文化起源问题的整体认识中的一个重要方法。

拉丁字母表的产生之谜

英国人说，中国古代科学技术上的三大发明，即火药、指南针和印刷术传入欧洲后，为地理大发现和其后的产业革命，提供了重要的不可缺少的条件，促进了历史的演变。我们说，像中国的三大发明一样，拉丁字母表是罗马文明对世界文化的一大贡献。由于拉丁字母表的产生，罗马人不仅把拉丁语和拉丁文化普及到当时多民族的意大利全境，而且加速了此后罗马帝国境内各民族的罗马化进程。进入中世纪以后，拉丁字母表不仅被罗曼语族各国的语言（意大利语、西班牙语、法语和罗马尼亚语）以及日耳曼语族的某些语言（英语、德语等）所承袭，而且也为斯拉夫语族的天主教各国（波兰、捷克、克罗地亚等）所利用。由于拉丁字母表比其他语言文字的字母表具有更多的优点，我国现行的拼音文字便借用了拉丁字母。此外，医学和生物学的科学术语大都用拉丁字母表示。

然而，拉丁文不是古代最早的文字，拉丁字母表亦不是世界上最早的字母表。拉丁字母表的诞生离不开东方文化的哺育。

众所周知，世界上有6种最古老的文字，即：西亚的楔形文字、埃及的象形文字、克里特线形文字、印度的哈拉巴文字、中国的甲骨文和中美、墨西哥的玛雅文字。但这些文字不是字母文字，字母文字的出现较晚。按古希腊人和罗马人的看法，有5个民族可能是字母表的创制者，即：腓尼基人、埃及人、亚述人、克里特人和希伯来人。所以说，最早的文字和字母表，绝大多数产生在东方。在古代，各大文明地区之间尽管比较闭塞，但也绝对不是“东方是东方，西方是西方，彼此从来无来往。”拉丁字母表的产生就是证明。

根据威廉·库里坎的研究，最早的字母系统见于叙利亚海岸的古代乌加里特。这个乌加里特字母表定年为公元前1400年左右，用的是30个楔形符号。最早的线形字母表是腓尼基字母表。这种字母始见于比布罗斯的阿希拉姆国王的石棺上面。该字母定年虽有不同说法（公元前13世纪，或前11世纪，或前10世纪，或约前975年），但一般学者倾向约公元前975年。以此推知，约公元前1200年，22个字母的腓尼基字母表似乎已经产生了。

至公元前9世纪中期，希腊人从居住在希腊各地的希腊商人那里学会了腓尼基字母。在克诺索斯的一个克里特几何形墓中发现了公元前900年的腓尼基铭文。这证明，那时的腓尼基人与爱琴海地区的希腊人已有文化交往。希腊字母表来自腓尼基字母表，而希腊字母本身又分为东部和西部两个变体，其中东部变体的爱奥尼亚字母通行于希腊、小亚细亚及临近岛屿。雅典用的是爱奥尼亚字母。至公元前4世纪中期，爱奥尼亚字母取代其他字母，成为24个字母的古典希腊字母表。

关于拉丁字母表的产生历来众说纷纭、莫衷一是，但归纳起来，不外两种见解。

一种见解认为，希腊字母诸分支中有两个最大的分支：一是西里尔字母，9世纪时圣西里尔（约826—869）和圣美多迪乌（约815—885）根据安色尔体希腊文所创制；另一个是埃特鲁斯坎字母，产生于公元前9世纪或前8世纪初，通用于意大利中部的托斯卡纳人中，传留有许多铭文，但大都未被释读。西里尔字母后变为操俄语、乌克兰语、保加利亚语和白俄罗斯语等语言的民族的文字。同时，埃特鲁斯坎字母表则发展成拉丁字母表。起初，罗马人从26个字母的埃特鲁斯坎字母表中借用了21个字母。公元前1世纪，随着罗马对希腊的征服，Y、Z两个字母被吸收进拉丁字母表。J、V两个字母是中世纪时代发明的，那以前，书写时用I、U代替之。

最后，从罗曼语中增加 W，这样便形成了 26 个字母的拉丁字母表。按照这种说法，古典的拉丁字母表当直接来自埃特鲁斯坎字母表，其受希腊字母表的影响则是间接的。

另一种意见认为，最初的拉丁字母表有 20 个字母（A B C D E F H I K L M N O P Q R S T V X），直接来自坎帕尼亚的库迈城的希腊字母表。该城是希腊优卑亚岛卡尔奇斯城的殖民地。拉丁字母表之所以有此种起源说，是因为某些拉丁字母的古老形式与库迈字母表的相对应的字母形式非常相似。

鉴于上述分歧和当今证据的匮乏，拉丁字母表产生的两种可能性均不能排除。不过，埃特鲁斯坎文字的释读必将使人们耳目一新。

纸莎草纸之谜

由于纸是中国的四大发明之一，所以很多人认为中国人是纸画的鼻祖。

其实，早在 1898 年，考古学家们就从开罗附近法老的墓葬品中，发现到绘制精美的纸画了。这些纸画距今至少有五千年，也就是 50 个世纪！遗憾的是，很多人对此一无所知。

古埃及人这种纸画所采用的纸，与中国东汉宦官蔡伦用树皮和麻布做原料来制造的纸完全不同，它是直接取自尼罗河三角洲生长的一种水草，名叫 Papyrus，一译纸莎草，一译纸草。这种草丛生着修长的叶子，中间伸出一根根大拇指粗的很长很长的茎秆，最长达五米，顶端开花，状似灯心草。古埃及人便用刀割下这茎秆，切成一段段，削去绿色的外皮，再将里边甘蔗一般白色的茎心切成极薄的片儿，浸泡在水中；六天之后取出来，用圆形木棍擀去茎片里的水分和糖分，以防生虫，然后把这些薄薄的茎片像编竹席那样编成一张张，放在重物下轧平，便成了一种草制的纸，也称纸莎草纸，或草纸。

这种草纸光洁柔韧，富有弹性，纸面上有草茎的纤维经纬交织，非常美观。而且纸莎草纸经过编织与粘接，可以很大。在出土的纸莎草纸中，最长的竟有四十米。它的使用价值也就很高。

自从古埃及人发明和创造了可以书写和绘画的纸莎草纸，致使他们的文化更加灿烂辉煌。他们的生活、事件、思想、宗教，得以记载下来。历史有了记录，文化有了积累，终于也有了珍贵的文献传之后世。

这幅画便是绘在埃及纸莎草纸上的，约创作于公元前1300年左右。画中的阿努比斯，俗称胡狼神正在把一颗心（象征死者的良心）和一片羽毛（象征真理）放在天平上称重。画的右下方是怪物阿米特，随时准备吞吃没有良心的人

古埃及的象形文字和祭司体文字都必须由一种具有高度书写才能的书记官来完成，这些书写在纸莎草纸上的古代书法，还是美轮美奂的艺术品。同时，富于才华的古埃及人，又将他们画在石壁上、泥板上和陶片上的美丽的图画，搬到纸莎草纸上来。由此而诞生的纸画便成了古埃及艺术最富魅力的形式之一。

纸莎草纸天然是一种棕色，或深或浅，偏黄偏红，很像中国古画年深日久之后那种颜色，古雅又柔和。古埃及最早使用的书写墨水是黑色与红色。红色如同砖红，黑色相当于中国的墨色，用以勾勒形象轮廓。

古埃及的纸画以线描为主，线条中没有情绪，力求勾画准确；线条中间平涂色彩，这些颜料都是使用动植物和矿物的原色，故而绚丽明朗，富于装饰意味，与早期中国工笔重彩十色酷似。还有，他们使用的笔也是用这种草茎削成的，茎秆柔软，因此线条很少尖锐锋利，也缺少中国的毛笔那样丰富的变化与表情。然而，艺术总是在限定中创造自己。为此埃及的绘画才分外的简洁、凝重和古朴。

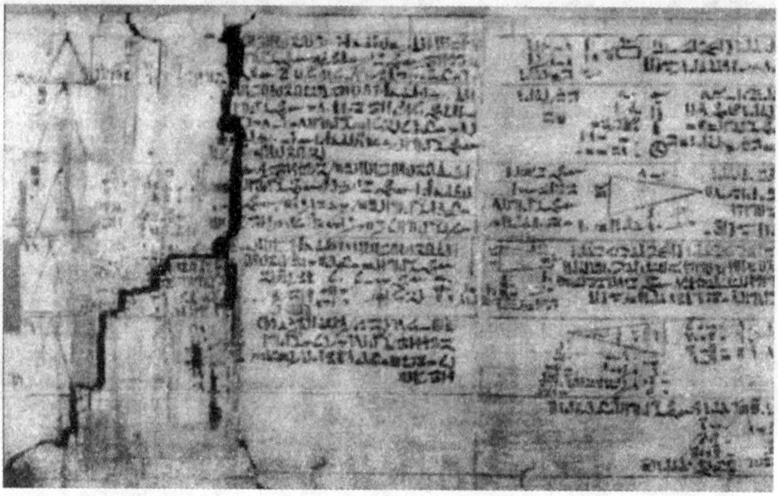

公元前1150年的纸莎草纸

世界上一切民族的形成、存在和繁衍，都离不开水的恩泽。对于几乎整个被黄沙覆盖的埃及，尼罗河里流淌的全是圣水。蓝幽幽的波涛冲开茫茫沙海，并在它两岸催发出生命的绿。它不仅给埃及人带来果腹的食粮和遮体的衣棉，还滋养出这种使埃及文明大放异彩的纸莎草。他们的纸和笔全来自这种奇妙的草啊！埃及人感激上苍的这一恩赐。纸画中便常常可以看到被他们奉若神明的纸莎草的形象与图案，连卢克索神庙巨大石柱的柱头，也雕刻着绽开的美丽的纸莎草花……

古埃及的文化在阿拉伯征服后渐渐消失，纸画也随之消亡。直至1798年拿破仑的军队入侵，古埃及的文明便被重新发现并由此惊动了欧洲。一百多年来，随着西方考古学家蜂拥到达埃及，发掘法老墓葬，纸画才得以重见天日。但此时它仅仅是珍奇的历史文物，古老的造纸技术却久已失传、世无人知了。

幸亏近代有个名叫哈桑·拉加卜的埃及人。他在1956年5月中埃建交后曾任埃及驻华大使，并与周恩来一辈领导人情谊笃深。拉加卜对古代的纸莎草纸有特殊兴趣。1968年退休后，潜心研究纸莎草纸制造技术，并终于找到了古人的方法，货真价实的纸莎草纸重新被仿制出来。他还将古埃及的绘画成功地再现在纸莎草纸上。阔别久矣的纸画重获新生。如今在埃及已经可以买到这种绘制精美、风情别样的纸画了。

从公元之始，随着法老时代的结束，纸莎草纸的制造中断了两千年。这期间正是中国的造纸技术通过丝绸之路传到了西亚、近东和欧洲，其中也包括埃及。古埃及的造纸是把植物直接捶压成纸，古中国的造纸却是将树皮和麻布漂洗和粉碎，先制成纸浆，再造为纸。在原理上它们的相同之处是，都利用了植物的纤维；不同之处是，一个对原料直接利用，一个分解和再造。

应该说，古代人类的造纸有两个源头，分别是埃及和中国。由于古埃及历史中断，造纸技术一度失传，对人类文化的发展则失去影响；中国的历史却延绵不断，造纸技术传布世界。近代世界的造纸的原理便源于中国。

尽管如此，尽管古埃及的纸莎草纸非常原始，但它毕竟是人类最古老的纸。那么埃及人画在这种纸上的画，也应该被认为是最古老的纸画了吧！

《马拉之死》的构图技巧之谜

法国新古典主义绘画大师雅克·路易·大卫（1748—1825）的不朽画作《马拉之死》，展现在观众面前的是马拉被刺后在浴缸中死去的情景：死难者的脸上是濒于死亡的表情，那表情平静而又坚毅。他的上半身亦裸着，鲜血正从胸前的伤口汩汩流出，染红了身下的浴巾。下半身浸在浴缸内，左手拿着凶手递给他的便条，便条上写着：“1793 年 7 月 13 日，安娜——玛丽·科尔德致马拉公民。兹因惨遭不幸，恳请惠予怜助。”右手则握着鹅毛笔无力地垂落在浴缸外。浴缸旁边的木墩上，摆着一个墨水壶、一支羽毛笔和死者写的一张纸条，纸条上是这么两句话：“请见字付给这位有 5 个孩子的母亲 5 个法郎，她的丈夫为保卫祖国而死。”地上则丢着一把置马拉于死地的匕首。整个画面强调了马拉的善良和好施乐助，集中反映了马拉死在为人民工作岗位上的悲壮形象，具有动人心魄的艺术效果。

众所周知，让·保尔·马拉是 18 世纪末法国大革命中雅各宾派的重要领导人，是该派舆论喉舌《人民之声》报的主办人。由于他常常身处反动密探和暗杀者的重重包围之中，所以没有一个固定的住所，只得四处躲藏，最后迁至巴黎圣·奥诺雷大街一位厨师家中居住。在那儿马拉得到了房东亲戚西蒙娜无微不至的关怀。为防止那些不速之客来打扰马拉的日常工作，西蒙娜天天寸步不离地守护着家门。1793 年 7 月 13 日，一位来自卡恩的美貌女子——科尔德前来求见马拉。西蒙娜坚决不让其入门，最后马拉得知消息后吩咐让陌生人进去。可是，不一会儿就传来了马拉的惨叫声。原来该女子是右翼吉伦特派分子，此次受命前来行刺马拉。

马拉被害使法国人民感到震惊和愤慨，国民公会立即召集会议。公民希罗在会上高声呼吁："大卫，你在哪里？你给后代留下了为祖国献身的勒佩蒂埃的形象，现在你应该再画一幅！……拿起你的画笔，为马拉报仇。要让敌人看到马拉被刺的情景时发抖，这是人民的要求。""对，我一定再画一幅！"这时已成为雅各宾派重要一员的画家大卫在人群中大声回答。在接受了为马拉画像的任务后，大卫即赶赴被刺现场，为死者画了头像。不久，一幅名为《马拉之死》的画作就问世了，人们看后交口称誉，公认这是一件不可多得的传世之作。但是，人们对路易·大卫为什么如此构图，则有着各自不同的见解。

有相当多的人认为，大卫以马拉在浴缸中工作的情景入画面，是按照马拉的日常工作状况构思的，主要与马拉所患病症有关。法国大革命初期，为了及时出版《人民之声》报，马拉有时被迫躲在地窖里埋头写作，有时则栖身于蒙马特尔采石场的洞穴中。由于长期在阴暗潮湿的地下从事艰苦的工作，马拉染上了令人讨厌的皮肤病——湿疹。失眠、贫困，再加上内心的焦虑，使这种脱皮性皮炎很快从下身蔓延到身体其他各部位。为了减轻疾病所带来的痛苦，马拉每天不得不在特制的浴缸中水疗几个小时。又由于工作繁忙，马拉常常在浴缸中进行写作、办公。画家就是艺术地再现了马拉这种平凡又伟大的形象。持此种意见的人还引用画家自己的话作为重要证据。大卫说："在马拉被刺前不久，雅各宾俱乐部曾派我和摩罗去访问他。我见到的情形使我惊奇，他在浴盆中，身旁有个木墩，上面放着墨水瓶和纸。露在木盆外面的手，正在书写关于人民福利事业的许多设想……我认为，把马拉在为人民的幸福辛勤操劳时的情景在人民大众面前展现，将是有益的。"

但同时也有学者从纯艺术的角度提出看法。他们认为大卫既是新古典主义画派的创始者，又是现实主义画派的开山祖，这种兼二任于一身的特殊性决定了《马拉之死》的艺术构思。大卫曾于1774年赴意大利，在佛罗伦萨、罗马和威尼斯等地观摩古典艺术作品，对希腊、罗马古典艺术规范有着深刻的理解，是古典遗产的崇拜者。而古希腊、罗马艺术的重要特点就是裸体处理，并且提倡崇高、庄重、单纯的形式，强调素描。所以《马拉之死》中主人公以裸体形象出现，而且整个画面非常简单明了，没有繁复琐碎感，聊聊数笔就勾画出马拉那种殉难者的高大形象。另一方面大卫又是现实主义的，他主张：“艺术不是目的，而是手段，是为了宣传某种政治概念，为了援助某种政治概念的胜利。”因此，大卫在画面上大胆运用了真实而具体的细节，以马拉被刺时的真实情景入画，力图揭示敌人的卑鄙、残酷，同时传达出这位革命家的高贵品质和崇高的精神面貌。

此外，还有人指出，大卫创作构思该画，与马拉所患病症无关，因为据负责为马拉遗体做防腐手术的医生断定，马拉得的是麻风病，而不是湿疹，画家在这里主要是模仿并借鉴了他不久前所作一幅画的做法。原来，在处决前法国国王路易十六的前一夜，一位曾投票赞成处决国王的国民代表勒佩蒂埃亦惨遭反动分子谋杀。大卫参加了勒佩蒂埃葬礼的组织工作，并为死者画了像。画像中死者躺在床上，半裸露着带有明伤的身体，既逼真，又庄重，像个英勇的殉道者。所以大卫决定将马拉的肖像画画成勒佩蒂埃肖像的“姐妹篇”，只不过这次是马拉死在浴缸中罢了。

《马拉之死》享誉画坛已近两个世纪，尽管后人仁者见仁，智者见智，对路易·大卫为何做如此构图提出了种种解释，但由于迄今未发现画家生前就此问题所做的任何具体说明，所以凡此种种毕竟只是后人的揣测而已。真相如何尚待进一步研究探讨。

《摩西》雕像的原型之谜

雕像《摩西》——意大利文艺复兴时期艺术大师米开朗基罗闻名于世的杰作。画面上摩西以沉思和明哲的神情出现在世人面前，他那充满睿智和活力的脸部，鲜明地反映着爱与恐这两种人类不同的情感。《米氏传记》的第一位作者瓦扎利说：该雕像人物构造之精巧，超过了任何古希腊、古罗马的人物造型；《米氏传记》的第二位作者科尼迪维则赞誉道：这是在罗马能看到的最杰出的艺术品。米开朗基罗自己也说过这样的话："我用最理想的方式来表现我对这位先知原型的敬仰之情。"人们当然会问：那么摩西雕像的原型是谁呢？

有的说原型是教皇尤里二世。自从尤里成为新的教皇后，一位做建筑师的朋友把米开朗基罗推荐给了尤里二世。据专家们考证：尽管他们两人的关系不很融洽，但如果没有尤里二世，米开朗基罗未必有机会施展其全部的惊世之才，尤里二世将文艺复兴的中心从佛罗伦萨移到罗马，使艺术达到了盛期。尤里二世为使自己不朽，决定为自己建造一座举世无双的陵墓，并拨款派米开朗基罗到采石场挑选大理石；尤里二世还常与米开朗基罗谈论陵墓的事，并商定其中的雕像要各有含义，都是圣徒、英雄。因此，米开朗基罗极有可能以尤里二世为原型。又据苏联艺术史家考证，许多著名人物都成了米开朗基罗的模特儿。如但丁、科隆、教皇尼古拉三世、克列门七世和保罗三世等，尤里二世当无例外。

有的学者以为米开朗基罗本人是摩西雕像的原型，他的许多雕像，无法在实际生活中找到相似的形象，在鉴赏他的雕塑艺术时只有深刻了解了大师所处的时代、个性方可入门。我国学者左庄伟在《西方裸体艺术鉴赏》一书中指出："米开朗基罗所创造的这些典型，并非生活中模特儿的再现，而是存在于大师心目中的形象，是他自己个性的再现，要在一个艺术家心中找到这样的典型形象，艺术家本人必须是个热爱正义、坚强勇敢、不畏强暴的英雄，是个生性孤独、好深思、慷慨豪放、容易激动的人。当时他周围尽是欺诈与压迫、专制与不义，自由与故土受到摧残，连自己的生命也受到威胁，觉得活着不过是苟延残喘。他既不甘屈服，只有整个身心逃避到艺术中去；在备受奴役的沉默之下，艺术家的伟大心灵和悲痛的情绪只有在艺术中才可尽情倾诉。”因此，包括摩西雕像在内的不少作品就是米开朗基罗本人伟大心灵的产物。

还有的学者、专家甚至把摩西说成是宇宙物质的化身：头发代表火焰，胡须代表水，身躯和衣服代表岩石。照这样看来，摩西雕像是一个抽象概念的结合体，代表了一种意念，它无法在生活中找到原型。有的则声称找到了摩西同西克斯丁教堂里的先知的某种联系，但未能进一步提供出有力的证据来。

在摩西原型是谁的争论中，还广泛流行着这样一种说法：米开朗基罗在成功地塑造了青年“大卫”之后，在塑造“摩西”的过程中，又把“大卫”的许多特征揉进了年老的“摩西”之中。有不少艺术家对这种说法持肯定态度。经对两座雕像的对比分析，发现两者在不少细微的方面有某种相同之处，如紧锁的眉头、眼睛的结构、瞳孔的转动方向等。这说明“摩西”是以“大卫”为原型的。

前苏联学者哥洛维尼根据自己的研究成果，提出了一个新观点：“摩西”的原型是瓦扎利写的《最伟大的画家、雕塑家和建筑师传记》一书中所论述的大画家达·芬奇。他首先采用犯罪侦察学和人类学的分析方法，通过对“大卫”和“摩西”脸部正面的各种数据的比较，证明这两张脸完全不同，而对两人脸的侧面的比较更说明了这一推断的正确性。“大卫”的上唇前突，盖过下唇；而“摩西”的下唇前突。哥洛维尼认为“摩西”原型是达·芬奇的理由有以下三条：

①当时的艺术理论家后扎列夫指出：“米开朗基罗无论如何也不会摆脱达·芬奇的影响。”1501 年至 1505 年，两人都住在佛罗伦萨。1513 年至 1516 年，达·芬奇居于罗马，在梵蒂冈的贝尔维捷拉教堂工作；米开朗基罗则在罗马圣彼得广场附近的画室潜心塑造“摩西”。两位艺术家天天见面。达·芬奇虽比米开朗基罗大 23 岁，但他总是怀着敬意去对待

那些“有才能的人”，尽管他们之间存在着激烈的竞争。此外，在文艺复兴时期，意大利的大师们一向崇尚在自己的创作中表现艺术世界的伟人。米开朗基罗继承了这一优良传统，在创作“摩西”的过程中，自然地渗入了达·芬奇的形象。

②达·芬奇出奇地漂亮，有无可争议的仪表风度，体态潇洒，有吸引人的力量。米开朗基罗把达·芬奇塑造成《圣经》中的先知不仅仅是因为他外表的壮美，古哲学家、亚历山大的斐洛称“摩西”为“最伟大的和完美的人”。歌德则指出：“达·芬奇是全人类的楷模。”因此在选择“摩西”的原型时，雕塑家米开朗基罗不但考虑了达·芬奇那“崇高的美”，而且考虑了他那非凡的优秀品质。

③从人类学的角度分析，也能证得此说。达·芬奇有两张借助镜子画的自画像，侧面、正面各一幅，其精确性很高。再仔细看看“摩西”脸的正面和侧面，就会发现达·芬奇的像和先知“摩西”雕像的正面和侧面完全一样：平缓高阔的额头有明显前突的弧形；鼻梁凸起、鼻尖下收；撅起的双唇，深陷的眼睛，健壮的脖颈。就连鼻根部的皱纹、宽大的颧骨及十分前突的下唇也极为相像。按罪行调查学家方法绘制的比例线仔细研究达·芬奇自画像和“摩西”雕像，更证实了作者的推断：达·芬奇和摩西雕像的脸是相同的。至于“摩西”的胡子，这不过是“雕塑转变为绘画”的现象罢了。雕塑家加长了达·芬奇波浪状胡子的长度。因此，“摩西”的原型只能是达·芬奇。摩西雕像的完成时间约在1513年至1515年之间。在漫长的470多年中，有关“摩西”原型的推断仍旧是各种假说，尤里二世说、米氏本人说，物质化身说、达·芬奇说，究竟哪一种说法更为接近事实呢？这场争论势必还会持续下去。

《圣经》之谜

当代科学技术，可以成为科学的工具，也可能被唯心主义、神秘主义所利用，比如，近有群论专家宣称，破译了《圣经》密码。他借助于电脑做出的惊人的发现表明，《圣经》原来是一部密码！自有史以来，所有的人物都在密码的排列中。这位叫芮普斯的以色列人提出，《圣经》密码字谜以纵横形式书写，而且密码只存在于希伯来文版里，因为希伯来文乃是《圣经》的原初语言。

早在200年前，物理学大师牛顿就确信，《圣经》，乃至整个宇宙，乃是“全能的主设定的密码文字”。他试图“解读神性之谜、天命所定的过去未来诸事之谜”，于是勤勉地学习希伯来文，直到临终仍对《圣经》探求不已，留下上百万字的手稿。但不管运用什么数学模式，他毕生的探求却没有结果。

《圣经》密码初露端倪是在20世纪30年代。捷克一位名叫魏斯曼德的人发明了一种计算字母法，他注意到在《旧约》《创世纪》的开端，每隔50个字母跳读，就可拼出“torah”（律法）。在《出埃及记》中以同样的间隔跳读，也可拼出“torah”，《民数记》和《申命记》亦然。魏斯曼德的计算字母法唤起芮普斯的兴趣，他由此进一步探索《圣经》密码的编码法。

芮普斯解释道，《圣经》从头到尾都以密码写成，环环相扣，诉说一则则命运的故事。每一道密码都是以相隔第四、第十二或第五十个字母一一相扣，即形成一个字。跳过×间距，加一个×间距，再加上一个×间距……即可拼出隐含的信息。但它不仅是跳跃码而已。纵横交错于我们已知的经文之下，隐藏在原版希伯来文《旧约》之中的，是一套字词和片语组成的网络，是崭新的启示录。为了找出密码，芮普斯去除所有的字间距离，把整本的希伯来原文圣经变成一个连贯的字串，总长 344 805 个字母。芮普斯此举实际上是把《摩西五书》还原为圣贤所说的原状。根据传说，摩西从上帝手中接受的《圣经》就是“字字相连，无一中断”的。这样，电脑以跳跃码的方式从《圣经》的第一个字母开始，找寻每一种可能的跳跃序列——从跳过一二三个字母，依序到跳过四个字母，看看能拼出什么字；然后再从《圣经》第二个字母开始，如是周而复始，一直到《圣经》最后一个字母。

在找到关键字之后，接着再找相关的信息。例如，找当代海湾战争信息先用电脑找到萨达姆的名字，然后再在《圣经》中找相关字，结果可以发现，飞毛腿跟俄制导弹、开战日和萨达姆密写在一起。再如在《圣经》中，比尔·克林顿的名字和总统一词交错在一起；登陆月球跟太空船和阿波罗 11 号，希特勒和纳粹，肯尼迪和达拉斯亦然。这些字词各自形成字谜。于是，串联在一起的字词互相交错，透露出相关的消息。根据芮普斯的说法，密写于《圣经》里的信息数量无穷无尽。每次在密码中发现新的名字、单字或片语，就有新的纵横字谜形成，相关的字词以垂直、水平或对角方式相交。

进一步完善芮普斯研究的关键人物是道伦·魏范滕，他是一位物理学家。他发展出一套精密的数学运算模式，通过电脑程式执行。美国数学家和五角大楼的解码专家们也为完善《圣经》密码的解读做出了贡献。毕生为美国情报机关编码和解码的哈洛德·甘斯，统计学家出身，也会说希伯来语，起先他确信，所谓《圣经》密码根本不存在，于是自己设计了一套电脑程式，看看能否找到跟以色列人所发现的一样的信息。结果让他大吃一惊，《圣经》果然隐藏着密码！美国权威的数学期刊《统计学》主编罗伯特·卡斯在收到芮普斯和魏茨滕提交的论文《〈圣经·创世纪〉里的等距字母序列》时，虽然疑信参半，仍决定请专家审核。出乎卡斯意料的是，他们的论文居然过关了。第一位审查员说，运算模式可靠，第二位专家也说，论文中的数据站得住脚。卡斯做了件破例的事，请了第三位专家。“我们的审查员百思不解”，卡斯说道，“他们认为，《圣经·创世纪》不可能包含对现代人有意义的指涉。然而，几位专家审查后，结果依然”。专家们发现，《圣经》暗藏过去和未来的消息，既不是概率所致，也不是在别的书籍里能找到的。

《圣经》密码的发现引出了一些哲学和神学的讨论。其中根本性的一个问题是：如何解释《圣经》的“预言”？

有人认为，已知的数学定律无法解释预见未来是怎样一回事。牛顿物理学太简略，无法解释一套如此复杂而翔实的预言；量子物理学也还有所不足，因为在这里所讨论的是超乎人类智能的。

还有人甚至认为，由于《圣经》密码的发现，可能使所有的传统科学，乃至于人类所有关于真实的一般见解，都变得无关紧要。倘若有某种存在站在我们这个系统的三维空间和时间之外，以密码写就《圣经》，那么这密码全然是为了超自然存在而设定的决定法则。如果在我们之外真的另有某种知性的存在，那么一切就都得重新评估。

当然，还有人提出各种疑问，诸如，若未来可以预见，是否也能改变呢？写下密码的人真是上帝么？《圣经》的密码是对世人的警告吗？《圣经》纯粹是一部预言之书而上帝是一位预言家么？或者，《圣经》是“外星人”的“外星遗物”？如此种种，不一而足。

科学家在深入了解《圣经》密码研究的情况后，对《圣经》密码持否定态度。他们坚持认为，即使《圣经》存在密码，也不过是古代人对未来的预言。看来《圣经》密码的研究仅仅还只是刚刚起始，这种研究的价值究竟如何，仍有待我们深入问题本身进行探讨。

《新约》是否受到了印度思想的影响

圣经《新约》的思想有两大来源，其一是由《旧约》所体现的犹太教的传统，其二是希腊思想，特别是希腊化时代的新柏拉图主义的思想。这似乎不成问题。问题在于，希腊化时代的希腊罗马思想中包含了复杂的东方思想。中东小亚细亚诸多古老国家的文化一向与希腊罗马文化关系密切，但这是一种近缘关系，它们几乎共生于一个共同的文化圈中。

本世纪以来，随着对东西文化交流的历史研究的深入，一些学者发现，自希腊化时代马其顿军队东征，入侵印度边界，希腊罗马文化和犹太文化就与印度文化处于相互交往和交流的过程中。在基督教兴起时期，乃至更早时期，一些犹太教徒和基督教徒的足迹就频繁地踏入印度的土地，据一些历史学家考证，犹太教和基督教的重要人物摩西和耶稣曾长年在印度居留，不难想象，两者的宗教和思想曾一度发生交往和交流。

学者对《新约》与印度的历史典籍中许多思想观念的相似性发生兴趣，并试图对这种相似现象展开探讨和说明。他们指出，《薄伽梵歌》后来增加部分取自《新约》中的《四福音书》，在印度古典时代后期的许多新思想中可以辨别出来自基督教的影响。

但也有学者不同意这一看法，他们提出，有更多的证据证明早期基督教的基本思想及其圣典《新约》受到印度思想的影响。

一些学者认为《薄伽梵歌》是很典型的例子，可以明显地看出，《新约》全书在许多地方乃是借用了这部后期婆罗门教的经典。比如，克里希那说："无论你做什么，无论你吃什么，无论你牺牲了什么，无论你捐送了什么，无论你修了什么样的苦行，那一切都是为我而做。"（9 章 27 节）这可以同《柯林多前书》第 10 章 31 节相互比较："无论你吃什么或喝什么，也无论你做什么，一切都要为上帝的荣耀而做。”另外，克里希那说：“我是一切的开端、中间、结束、永恒的时间、生、死。”这也可以同基督在《启示录》中所说的相映衬：“当我一看见他，我就俯伏在他的脚前，就像死了一样。他用右手按着我说，不要害怕，我是开端，也是结尾，我是活过又死了的人，而且我又活了，我已永恒不朽，阿门！我掌握了死亡与地狱之门的钥匙。”（1章17～18节）克里希那说：“请不要悲伤，我会使你从一切罪孽中得到解脱。”在《马太福音》中也有类似的话：“请尽量地高兴起来吧，你的罪孽已被宽恕。”再一个极为显著的共同点是克里希那对于天堂的描述：“在那里，太阳和月亮已没有闪光的必要，因为它们所有的光耀都是我给予的。”在《启示录》里，天堂被描写成一座城市，在那里“既不需要太阳，也不需要月亮作为光照，因为上帝的荣耀已经照亮一切。”还有一些学者依据他们在印度发现的早期犹太—基督教史迹提出，耶稣所带来的复活的教义，如在《福音》书中再三强调“再生”“重生”的观念，显然受到佛教转世思想的影响。

当然，也有不少学者不赞同早期犹太—基督教在印度的遗迹的历史真实性，他们认为印度教、佛教与犹太—基督教思想虽然体现某些相似性，但只是比较的近似而已，不存在所谓的影响问题。如佛教的传教与基督教的传教，两者使命的自觉和意图确实有惊人的一致性，然而说新兴基督教的传授受了佛教的影响难以成立。从比较宗教学和作为世界性宗教的传播和影响的观点重新关注、研究犹太—基督教与印度教、佛教的关系，进而探讨两者可能存在的相互交流和影响，可说是当代人文科学的一个极有意思的课题。在这方面，许多研究还刚刚开始，只有当我们完成了一系列更具有实证性的研究之后，对《新约》是否曾受到印度思想的影响这一类问题才能做出肯定的回答。

《鲁滨孙漂流记》是否是原创之谜

18 世纪初叶，英国作家丹尼尔·笛福创作出版了优秀长篇小说《鲁滨孙漂流记》。几百年来它被翻译成多种文字，约有 700 余种版本在世界各地发行，成为世界文学宝库中极为耀眼的明珠。

然而，时隔漫长的二百多年，葡萄牙有一位历史学家振聋发聩地指责说：英国人丹尼尔·笛福的《鲁滨孙漂流记》是一部剽窃之作，剽窃了葡萄牙 16 世纪的旅行文学。这一论断，令葡萄牙、英国乃至整个世界大惊失色。

英格兰在历史上本来就存在着一个真实的冒险家，叫亚历山大·赛尔基尔克。有一次他驾船出海，遇到风浪，他的船不幸在太平洋中的朱安·费尔南代兹群岛的海滩上搁浅。岛上杳无人烟，他历经千辛万苦，多年挣扎，终于获救，返回英国。英国作家丹尼尔·笛福就是根据这一个在英国妇孺皆知的故事，于 1719 年创作出版了《鲁滨孙漂流记》。小说讲述了一个名叫鲁滨孙的英国约克郡青年先因故被投入摩洛哥的监狱之中，后又在南非得了一大笔财富，正当他携财宝驾船回英国途中，船只被风浪击沉，漂落到岛上，后又获救回到伦敦的故事。一年以后笛福又写出了续集《鲁滨孙再次探险记》，鲁滨孙又回到他落难孤居的小岛上。

丹尼尔·笛福这两部小说的出版，使他成为“英国小说之父”。

费南达·费雷拉是葡萄牙的历史学家。她在最近出版的一本名叫《鲁滨孙·克鲁索的原型是葡萄牙人》的书中，发表了她的最近研究成果。她强调：“我读笛福的作品次数越多，就越确信他是剽窃了葡萄牙 16 世纪的旅行文学，有的地方甚至一字不改。”并指出笛福的作品无论在语言、人物性格，还是情节上，都与该国的旅行文学如出一辙。费雷拉还在如下几方面指出笛福的“剽窃”之嫌。

其一，鲁滨孙原型是一个名叫费纳奥·洛佩斯的葡萄牙叛国者。洛佩斯因被指控叛国罪，被砍去了耳朵、鼻子、右手和左手的拇指，后逃到大西洋的圣海里纳岛避难，于1546年死于岛上。洛佩斯在岛上生活时有一只忠心耿耿的小公鸡，成为他唯一的“伙伴”。洛佩斯后因故获救，回到过里斯本，但不久，又重返圣海里纳岛。因此，无论是《鲁滨孙漂流记》还是《鲁滨孙再次探险记》中的鲁滨孙形象的原型都应该是葡萄牙人洛佩斯，而不是英格兰冒险家亚历山大·赛尔基尔克。费雷拉就这一点，非常肯定地对传媒说道：“我现在一点都不怀疑鲁滨孙就是洛佩斯。”

其二，笛福肯定读到过葡萄牙旅行文学中讲述的有关洛佩斯的故事。因为笛福有不少好朋友是翻译家。而当时的葡萄牙旅行文学如加斯帕尔·高雷阿编写的《印度传奇》、戴·卡斯坦海达所著的《葡萄牙发现史》《征服印度》等，都被译成英文，在笛福生活的年代里广为流传，而笛福总能在第一时间从他的好朋友那里读到这些葡萄牙旅行文学。笛福受此影响是毫无疑义的。

其三，惊人的相似之处。洛佩斯在小岛上一只相处甚笃的“小公鸡”，变成了与鲁滨孙同在的小鹦鹉了。笛福所描述的鲁滨孙居住的孤岛与葡萄牙人讲述的孤岛的情形基本一致。笛福小说中有一章讲述了小岛上食人者准备在一艘来自南美的装满金银的船只上吃西班牙人。而葡萄牙作家帕奇科·皮雷拉在此之前已描述过一艘装满黄金的船只受到了食人者的攻击。

费雷拉这一最新研究成果的发表，在英国以及世界文学界引起了强烈反响。如果费雷拉的这一指责得到广泛首肯的话，岂不是要将英国文学史，甚至于世界文学史加以改写了吗？

其实，费雷拉的研究虽然有一定的道理，但毕竟有许多牵强附会之处。有学者建议，英国学术界有关研究人员应与费雷拉进行公开辩论。

的确，这是值得进行公开辩论的学术问题，其疑点亦有不少，例如：

①为什么鲁滨孙的原型就只能是洛佩斯，而不能是亚历山大·赛尔基尔克？这个英格兰冒险家不是同样具有鲁滨孙漂流所遇到的种种险境与相似的传奇经历吗？

②笛福在第一时间内读到过大量的葡萄牙旅行文学是有可能的。但即便如此，怎能成为“剽窃”他人作品的一大理由呢？世间很少有作家是从来不读他人作品而天生就会写小说的。

③费雷拉所指出的所谓惊人的相似之处，有不少是巧合，有不少是相

似，更有不少是“生活”本身的相似而已。不要说相似，难道“生活”中雷同的事还少吗？怎么就断言为“剽窃”呢？“小公鸡”变成“小鹦鹉”，孤岛的情形基本一致，等等，确实很难以此判之为“剽窃”。

如今，笛福早已作古，今人又来指责，笛福无以答辩，作品却是白纸黑字、可以详加对照的，人们拭目以待费雷拉做更进一步的研究，拿出更令人信服的证据来！

楔形文字的内容之谜

以底格里斯河和幼发拉底河为边界的美索不达米亚（当今的伊拉克境内）是众所周知的古代文明之乡，这种文明在希腊史学家们的著作和圣经的《旧约全书》中都被谈及过。那些老于世故而又颓废的巴比伦人和凶猛好战的亚述人的故事使欧洲人如痴如醉。那么这个古老的文明是如何被人们发现的呢？

这也许要源于美索不达米亚文字的发现。那么美索不达米亚文字又是如何被发现和破解的呢？

虽然曾经一度辉煌，但是自 16 世纪以来，美索不达米亚就一直属于奥斯曼帝国。由于受到君士坦丁堡（今天的伊斯坦布尔）君主的极大忽视，它事实上已沦为了帝国的一块充满邪恶的死角。在这里，土匪抢人，酋长好斗，地方官员受贿，政府官员腐败；沙漠灼热，狮子四处觅食；霍乱、痢疾一类的传染病到处流行。美索不达米亚危机四伏，去那里旅行简直就是冒险。

然而，仍有一些胆大好奇者冒险探索了这块历史上有口皆碑的胜地。最早的一位探险者是一位名叫凡勒的意大利人，他于 1616 年进入美索不达米亚。安全返回了欧洲后，凡勒带回了许多巴比伦遗迹中的纪念品。在许多纪念品上刻有一些文字，这是一种欧洲人从来没有见到的新的文字。由于这种文字呈楔形符号，刻在陶碑上，所以后来被称为楔形文字。

1756 年，丹麦国王派遣了一个六人科学考察队去中东地区，其中五人暴病而亡，剩下的那个人设法到达了玻塞玻利斯——具有两千年历史的古波斯人的首都（如今的伊朗境内）。他返回欧洲时，还带回许多在该地找到的楔形碑文，1772 年这些碑文被发表，这为后来奋力破译楔形文字的学者们提供了宝贵的借鉴。

研究者发现，碑文中使用的一种语言是古波斯文。19 世纪初，研究者们开始翻译古波斯人的楔形文字。

与此同时，欧洲势力决定与奥斯曼帝国建立更进一步的贸易与外交关系。1802 年，英国正式在美索不达米亚设置了称为领事的代表。六年后，二十二岁的克利奇接任这个位置，他既是学者，又是外交官，并对古代史和古遗迹也极感兴趣。他就任领事期间，英国在巴格达的官邸成了考古活动的中心。

克利奇描摹了巴比伦遗迹的素描，收集了楔形文陶碑，出版了关于巴比伦研究的学术论文。然而，克利奇的兴趣并非只在巴比伦上，他还梦想能寻找到消失了的尼尼微城。1820 年，他考察了巴格达以北、莫索城外、底格里斯河两岸的两座土丘。在一座叫库羊吉克的土丘顶上，他发现了破碎的陶器和一些刻有楔形文字的陶砖。可是克利奇还未来得及发掘土丘就不幸去世——他是在波斯照料一个霍乱病患者时不幸被感染而亡的！

克利奇的遗孀将他的楔文陶板都卖给了伦敦大英博物馆，来自世界各地的学者们很快开始就其中一些苦苦钻研。

然而，对楔文突破性的破译发生在波斯的岩石山峡中，发现者是罗林逊，一位由士兵和运动员转而从事考古的学者。

罗林逊对楔文的兴趣始于 1835 年，那时为了尽军人之职他去了波斯小镇比里斯屯。在那里，他听说附近有石刻，出于好奇，就跑去瞧了瞧。这一瞧可使他惊讶不已，面对一面 340 英尺（1 英尺 =0. 304 8 米）高的巨大悬崖石刻，罗林逊惊得目瞪口呆！

石刻描述了古波斯国王达林斯准备惩罚那些造反的诸侯的故事。人像四周及下方用三种楔文语言描述了故事，大约有一千二百行字。罗林逊意识到，这些石刻文字可能就是解读楔形文字的关键，于是冒着生命危险，靠狭窄的壁架和歪斜易损的梯子登上崖壁抄写石刻文字；而最难到达的部分就只好出钱雇了个库尔德男孩，用绳索将他吊上悬崖去代抄。

当他抄完石刻全文时，他已升任英国驻巴格达的领事，在那里他开始着手研究楔形文字的秘密。

为了解除沙漠的炎热之苦，罗林逊创造了人造瀑布。在凉爽的瀑布下，脚旁伴着他的小宠物狮子，全神贯注地研究着三种楔形原文。很快，他成功地翻译了古波斯文，可是对另外两种文字却困惑不解。

令人惊奇的是，仅仅几年时间里，罗林逊又成功地突破了另一种无人知晓的文字。这就是巴比伦语，它早在几千年以前就是一种起源于美索不达米亚的文明语言，罗林逊发现，它不仅是古巴比伦语，也是亚述语。

1851 年，罗林逊出版了比里斯屯石刻文中的巴比伦文字的部分译文，使美索不达米亚考古学大大地向前推进了一步。此时，仍有大量的巴比伦石刻文有待翻译，然而，第三种文字仍在继续困惑着楔形文字研究者们。学者们最终认为它是源于古波斯人的一种语言，并称它为伊拉米特语。

与此同时，法国学者奥卜特于 1869 年宣称楔形文字最初起源于美索不达米亚南部的苏美尔地区，后来又由包括伊拉米特人和巴比伦人在内的民族继承使用。当代的学者们认定奥卜特的推论正确。苏美尔文是已知的最古老的文字语言，是楔形的基础，后来又被中东地区各种文化背景不同的民族所使用。

19 世纪 50 年代初，亚述古城尼尼微的遗址出土后，英国人勒亚德从尼尼微发掘了两万四千多块楔形文字碑，并把它们运到大英博物馆，研究人员花了多年时间，对这些碑文进行翻译，其中一位最成功的翻译人员叫乔治·史密斯。

史密斯是一位热情的亚述学学者。一天，在研究破碎的石碑时，他偶然读到了令人难以置信的东西。碑文记载了古巴比伦时期，上帝派大雨和洪水来惩罚邪恶有罪的人类时的情景。在那次大灾中，一个名叫尤特拿比利姆的人造了一只木船，载上家人和许多动物，在洪水中幸存了下来。史密斯意识到，碑文记载的故事非常像《圣经·创世纪》一书中描述的《诺亚方舟》的故事。

史密斯的发现引起了轰动。有些人声称那段碑文证明诺亚方舟的故事是真实的；而另一些人却争论说，碑文表明《圣经》故事是依据更古老的神话而写成的。可是那块有关洪水故事的碑已破碎，史密斯也因此无法提供巴比伦故事的全文。

于是一家叫《每日邮报》的伦敦报纸派史密斯去尼尼微找回破裂碑文的残余部分。有史以来的奇迹般的巧合出现了，史密斯竟然在不到一星期的时间里就碰上了那遗失碑文其余的部分。然而新恢复的碑文全文并没有增添什么有关洪水的内容，而希望继续发掘的史密斯两年后也因痢疾死在了叙利亚。

自从发掘尼尼微的波塔和勒亚德时代起，我们对古美索不达米亚已有了大量的了解。甚至除了美索不达米亚各城市的发掘和楔文文献翻译外，我们还填补了有关苏美尔人、巴比伦人以及亚述人问题的诸多细节。

随着巴比伦文字的破解，美索不达米亚的秘密正在被慢慢揭示开来。但是，美索不达米亚碑文的内容是否反映了诺亚方舟故事的真实性呢？这个未解之谜有待人们进一步的研究考证。

普希金死因之谜

“年轻人如早晨八九点钟的太阳”，这是一位伟人的话。然而，“俄罗斯诗歌”的年轻的“太阳”却过早地遇上了阴霾，而且，再也没有发出他夺目的光芒，这就是俄国诗人普希金。然而，这个“太阳”是如何坠落的呢？有人说，他是死于情敌决斗中。

普希金像

年轻的普希金风流倜傥。他与莫斯科的绝色佳人娜塔莉娅·尼古拉耶芙娜·冈察洛娃相遇，两人一见钟情，共同坠入爱河。不久之后，两人便结为夫妻。

几年后，沙皇禁卫军军官、法

国纨绔子弟乔治·丹特斯偶然结识冈察洛娃，对她展开猛烈的攻势。普希金对这位不期而至的第三者气愤至极。为了尊严和名誉，普希金毅然决定同丹特斯决斗。奸猾的丹特斯在普希金尚未准备好时便开了枪，击中了普希金的要害。因枪伤严重，一代诗豪不治身亡。

普希金与丹特斯决斗的油画

在对此事做了研究后，有关专家指出普希金之死，完全是个阴谋。沙皇尼古拉一世在此之前，就已经觊觎普希金妻子冈察洛娃的美色。丹特斯受沙皇的指使，在各种公开场合引诱冈察洛娃，故意把普希金激怒，趁机把普希金杀害。

普希金之死到底是不是沙皇的阴谋？世界文坛的这一悲剧将为历史所铭记。

《木美人》的内容之谜

《木美人》是珍藏在广东省新会县的博物馆里的西洋式油画。它既非画在布上，也非涂在纸上，而是彩绘在两扇旧的木制的门板上。画面上画的是两个亭亭玉立的美女，身材高度与真人相比要略小些，因而此画被人取名为《木美人》。它之所以受世人瞩目，原因在于画的少女是西方女子的相貌，却身着中国明代古装。她们高鼻子、蓝眼睛、宽肩膀、挽发髻，美丽高贵，栩栩如生，令人过目难忘，顿生喜爱之心。

《木美人》画像

《木美人》是怎样得来的呢？这里边有一段动人的故事。据说明朝时，有一个广东人名叫李任开，他来到福建莆田县当教谕（县文教部门长官）。4年任期满后，李任开回到原籍广东新会县老家，带回两扇《木美人》油画。在莆田民间，流传着有关这两扇《木美人》油画的神奇传说。

一说该油画原被一个酒店的老板所得，酒店老板把《木美人》当作招待员一样做广告，把它立在店门口。想不到画面上的那两个美女会从门板上走下来为顾客斟酒敬菜，于是酒店生意十分兴隆，酒店老板因此发了大财。

另一说有一次发生火灾，烈火烧毁了全部建筑物，而唯独这两扇画被保存下来，至今人们还能见到油画的木板上有被火熏过的痕迹，因而更增加了《木美人》的神秘感。

这个画在木门板上的油画，是15世纪文艺复兴时期的作品，时间要早于利马窦传入的油画100余年。它成了中国现存的最早的外国油画。

《木美人》有着一串串未解之谜。它的作者是谁？为何要用木板作油画？这两扇《木美人》画是做什么用的？最奇怪的是，画中的女子形态是外国女人，怎么又穿了中国明朝时期的服装？还有油画的由来等都是史学家们关注的问题，但至今仍无令人信服的答案。